설교자는 누구인가

설교자는 누구인가

팀 켈러와 앤디 스탠리 중심 92가지 설교 꿀팁

© 지혁철

초판 1쇄 인쇄 | 2022년 03월 08일
초판 1쇄 발행 | 2022년 03월 16일

지은이 | 지혁철
발행인 | 강영란
편집 | 박관용, 권지연
디자인 | 트리니티
마케팅 및 경영지원 | 이진호

펴낸곳 | 샘솟는기쁨
전화 | 대표 (02)517-2045
팩스 | (02)517-5125(주문)
이메일 | atfeel@hanmail.net

홈페이지 | https//blog.naver.com/feelwithcom
페이스북 | https//www.facebook.com/publisherjoy
출판등록 | 2006년 7월 8일

ISBN 979-11-89303-69-3(03210)

설교자는 누구인가

팀 켈러와 앤디 스탠리 중심 92가지 설교 꿀팁

Do you
sometimes
get lost
as a preacher?

· 지혁철 지음 ·

샘솟는
기쁨

설교 의미와 자유를 선물하는 책

이 책은 단순한 설교학 이론서가 아니다. 이 책에는 한 설교자가 설교를 배우는 과정에서 겪은 실패와 모멸과 아픔이 고스란히 녹아 있다. 똑같이 힘겨운 설교자의 여정을 밟아 가는 이들의 지치고 시린 마음에 큰 위로와 공감을 불러일으키고, 시행착오를 거치며 터득한 설교의 지혜는 이 길을 가는 이들에게 실제적인 좋은 가이드가 된다. 짧지만 핵심을 찌르는 내용으로 진지하지만 웃음을 자아내는 위트가 읽는 재미를 더한다. 이 책이 나같이 오래 설교 사역을 한 사람에게는 자신의 설교를 깊이 성찰하게 하며 더 좋은 설교자가 되고픈 열정의 불을 지핀다.

박영돈 | 작은목자들교회 담임목사, 고려신학대학원 교의학 명예교수

설교 홍수 시대, 설교가 저평가 되는 시대에 설교자로 남아 있기가 정말 어렵다. 벽돌 찍어 내듯 설교를 강요받는 시대에 설교자는 자기 정체성을 어떻게 유지할까? 유목민처럼 설교 먹거리를 찾아다니는 교인

도 적지 않고, 설교 공급에 쫓기는 설교자도 의외로 많다. 설교가 깃털처럼 한없이 가벼워지는 시대를 산다. 길을 잃은 설교자, 체념하여 주저앉은 설교자, 근근이 살아가는 설교자, 다시 일어나 설교자의 길을 걷고자 하는 설교자에게 잠시 목을 축이게 하는 책이 나왔다. 색다른 설교지침서라 할까? 설교학을 전공하고 설교자로 사역하는 저자는 기본 원칙과 실제 현장 사이를 오가며 동료 설교자들에게 고민을 털어놓고, 연구하고 배우고 터득한 것을 제언한다. 저자의 박사학위 논문을 알기 쉽게 풀어 쓴 글이라 독서의 짐을 한층 덜어준다. 무엇보다 독자에게 다가가는 알뜰한 글로 읽는 내내 즐거운 드라이브를 한 기분이다. 학문적 내용을 일상 언어로 풀어낸 저자의 설교론에 박수를 보낸다. 설교를 준비하는 신학생과 목회자와 설교자들의 책상 위에 자리 잡기를 기대한다.

류호준 | 백석대학교 신학대학원 은퇴 교수

설교는 인간이 언어로 행하는 일들 중에 독특한 자리에 있다. 그것은 하나님의 말씀을 전하는 인간의 언어 사건이다. 설교자는 자신의 언어가 하나님의 말씀을 전하는 도구가 되게 하기 위해 전심을 다해야 한다. 하나님의 말씀이 설교자 안에 살아 있어야 하고, 회중의 마음에 들리게 해야 한다. 이것은 한편 인간으로서 받을 수 있는 최고의 영예이며, 한편으로는 인간으로서 감당하기 어려운 소명이다. 저자는 이 '과분한 영예'를 겸손히 받아들이고 그 소명을 다하기 위해 노력해 온 사람이다. 이 책은 그 과정에서 넘어지고 깨지기를 거듭하면서 얻은 지혜와 깨달음들을 차곡차곡 모아 놓은 것이다. 설교에 대한 한 사람의 열정을 느

낄 것이고, 그가 얻은 지혜들을 통해 도움을 얻을 것이며, 더 나은 설교
자가 되고 싶은 열망에 사로잡힐 것이다.　**김영봉** | 와싱톤사귐의교회 담임목사

설교는 소통이다. J. Adams의 말처럼, 설교란 본문에 대하여 말하는
것이 아니라 본문을 통하여 회중에 말을 거는 행위이다. 삶을 변화시키
는 설교의 관건이 무엇보다 회중과의 소통에 달려 있다는 뜻이다. 이 책
은 바로 그러한 설교적 소통을 어떻게 효과적으로 이룰 수 있는지를 설
파한 책이다. 결코 쓸데없고 번잡한 이론을 길게 늘어놓은 장광설 같은
책이 아니다. 간략하게 핵심을 담아 정곡을 찌르는 설교의 지혜와 통찰
이 가득하다. 그래서일까 한 번 손에 잡으면 마지막 책장을 넘길 때까지
눈을 뗄 수가 없다. 술술 읽히지만 가볍지 않다. 알기 쉬우면서 깊이 있
는 설교 가이드를 원하는 이들에게 강력히 추천한다.

이우제 | 백석대학교 설교학 교수

그동안 설교 이론서들도 많이 나왔고 좋은 설교자들의 설교도 많이
듣고 배워 왔지만 사실 그 설교 힘의 비밀을 밝힌 책은 많지 않았다. 아
마 설교 근거가 하나님의 주도적인 일하심에 기초했기 때문일 것이다.
그런 까닭에 설교에서 가장 중요한 것이 무엇인지를 알면서도 표현할
수 없었을 것이다. 이 책의 놀라움은 거기에 있다. 어떻게 좋은 설교를
하게 되었는지 좋은 설교자들을 깊이 살피면서 그 비밀을 제시하고, 좋
은 설교를 시도하며 실패와 깨달음을 경험하며 찾은 원리들을 제시하고

있다. 이 책은 '설교 고백록'이라 불러도 좋을 만큼 신선하다. 더 놀라운 것은 스스로 '목마른 설교자'라고 고백하듯이 하나님의 말씀을 정말 온전하게 선포하는 설교자가 되기를 열망하므로 남김없이 그 깨달음을 공유하고 있어서이다. 저자처럼 갈망하고 부끄러워하며 하나님의 말씀을 들고 서는 설교자들에게는 보석 같은 비밀 서신을 읽는 느낌일 것이다.

하정완 | 꿈이있는교회 담임목사

설교자는 평생 공부해야 한다. 강단에 서서 성도들을 감동시키지 못하는 것보다 책을 손에서 놓는 것을 더 두려워해야 한다. 저자의 글은 오랜 시간 설교를 연구하고 공부한 흔적으로 가득 차 있다. 또한 수많은 신학자와 설교자의 인사이트가 잘 정리되어 있는 탁월한 저서다. 설교에 대한 지혁철 목사님의 열정이 읽는 내내 가슴을 뜨겁게 한다. 자신의 설교를 객관적으로 점검하고 업그레이드하길 원하는 설교자, 설교자로서 사명에 다시금 사로잡히기 원하는 설교자는 누구라도 이 책을 읽기 바란다.

김관성 | 행신침례교회 담임목사

저자는 설교에 대한 고민과 생각을 진솔하게 고백한다. 비판과 칭찬을 들은 간증(?)도 들려준다. 진정성 있는 저자의 글을 읽다 보면 설교자라면 공감할 수밖에 없는 이야기에 저절로 고개가 끄덕여진다. 더 나아가 설교자에게 꼭 필요한, 설교자가 갖추어야 할 통찰을 얻게 된다. 이 책은 한 번에 다 읽어도 좋고 마음이 끌리거나 관심 가는 부분부터 읽어도 좋다. 더 좋은 설교를 위해 노심초사하는, 탁월한 설교자로 성숙해 가기 원하는 목사님들께 기쁜 마음으로 추천한다. 말씀을 붙들고 세상의 소금과 빛으로 살아가기 위해 애쓰는 성도님들이 읽어도 좋을 책이다.

전원호 | 광주은광교회 담임목사

이 책 『설교자는 누구인가』는 모든 설교자에게 설교문 작성의 내비게이션 같다. 설교를 이제 막 시작하는 신학생이나 완숙한 설교자에게 성서적인 설교의 길잡이가 되고, 설교에 대한 큰 그림과 구체적이며 세부적인 사항을 쉽게 풀어 설명한다. 설교라는 숲이 어떻게 생겼는지 전체를 조망하며 동시에 자세한 길을 보여주며, 다양한 연령대와 신앙 수준을 가진 청중을 향한 설교 준비에 방향성을 제시한다.

저자는 젊은이부터 장년까지, 구도자부터 기존 신자까지 모두 아우를 수 있는 설교의 목표와 삶의 철학을 가지고 있으며 그것을 이 책에서 멋지게 담아냈다. 제자이자 동역자인 저자의 이 책은 모든 설교자에게 설교의 '의미와 자유'를 선물하고 있다. 하나님의 말씀을 들고 매주 강단에 오르는 목사에게, 예배의 자리로 나아가는 성도 모두에게 적극 추천한다.

김은철 | 엘 몬테(El Monte) 감리교회 담임목사, 풀러신학대학원 설교학 교수

지식에는 크게 두 부류가 있다. 우선 학교에서 선생님에게 습득하는 지식이다. 공인 교과서, 다양한 학습 자료, 체계적인 강의안은 이런 지식을 대표한다. 이와 다른 지식도 있다. 바로 오랜 기간 현장에서 뒹굴

면서 체험하고 습득한 지식이다. 실제로 실패하기도 하고 또 성공하면서, 울고 또 웃으면서, 절망하고 또 감격하면서 배운 지식 말이다. 『설교자는 누구인가』는 후자의 지식을 담고 있다. 저자가 사역 현장에서 겪은 실패와 성공의 경험을 허투루 버리지 않고 차곡차곡 모았다. 그리고 설교자의 길을 걸어가는 동역자들을 위해 씹고 씹어 소화하기 쉽도록 요리해 내놓았다. 이 책을 통해, 초보 설교자는 좋은 설교자가 되는 지름길을 발견하고, 노련한 설교자는 자기와 비슷한 생각을 하는 설교자가 있다는 사실로 안도하게 될 것이다. 혹시 낙담한 설교자는 다시 설교자의 길을 걸어갈 힘을 얻고, 길을 잃은 설교자는 설교자로서 걸어갈 길을 다시 찾게 될 것이다.

조광현 | 고려신학대학원 설교학 교수

영광스럽고 고독한 길에서

첫 유학은 설교가 아닌 노래를 배우러 떠났다. 어린 시절부터 노래를 잘했고 음악을 좋아하던 나는 대학 시절 록(Rock) 밴드 동아리를 결성하고 보컬로 활동하면서 아티스트의 꿈을 키웠다. 노래로 복음을 전하고 싶고, 사람의 마음을 따뜻하게 하고 싶었다. 음악의 본고장 미국 유학에 오른 이유였다.

음악 장르가 록이라는 것이 역설적이긴 해도 그때 동역자들은 록이 복음을 선포하기에 더없이 좋다고 믿었다. 그렇게 하나님 말씀을 전하고 나누고 가르치고 선포하겠다고 말이다. 아, 물론 말씀을 전하고 나누고 가르치고 선포하는 것은 선교사 또는 탁월한 설교자의 몫이라 생각했다.

그러나 십수 년간 꿈꾸던 로커의 꿈! 3개월 만에 산산조각 나고 말았다. 음악을 제대로 몰랐다. 악기에 대한 이해도 부족했고 악기 하나 제대로 다룰 줄 몰랐다. 그곳 뮤지션들은 작사 작곡 편곡도 자유로웠고, 앨범을 어떻게 디자인할지 해석해 냈다. 그나마 알아차릴 눈과 귀가 있어서 다행이었을까?

보컬의 꿈, 복음 전도자의 꿈을 미련 없이 접자 유학의 이유가 사라져 버렸다. 답답했다. 그 절망 속에 한 줄기 빛이 있었다. 목사가 되고자 했다면 노래가 아닌 말씀에 탁월해야 한다는 생각이었다. 말씀을 잘하는 목사가 되고 싶었다. 하나님 말씀을 바르게 전하는 일이 얼마나 어렵고 멀고도 험난한 일인지 미처 깨우치지 못한 채 말이다.

우연과 필연의 절묘한 조합으로 설교자의 길에 들어섰다. 이곳으로 인도하신 이유가 무엇일까? 무슨 말씀을 하고 싶으신 걸까? 내가 걸어야 할 길은 무엇일까? 질문에 질문이 꼬리에 꼬리를 물었다. 불확실한 미래 앞에 비친 한 줄기 빛이 바로 '말씀'이었다. 걸음걸음 인도하시는 하나님의 놀라운 섭리를 깨닫는 순간이었다.

유년기부터 일주일에 몇 번씩 듣던 '설교'를 떠올렸다. 어떻게 하면 하나님 말씀을 잘 전하고 나누고 가르치고 선포할지 고민하기 시작했다. 지금도 설교를 고민한다. 설교 때문에 엉덩이가 아프고, 설교 때문에 골머리가 아프고, 설교 때문에 가슴이 답답하고, 설교 때문에 몸살을 앓으며, 설교 때문에 고통 받고, 설교 때문에 땀과 눈물을 쏟을 수밖에 없는 설교자이다. 이것이 전부는 아니다. 설교 때문에 감격하고, 설교 때문에 영광스럽고, 설교 때문에 희열을 느끼고, 설교 때문에 설레고, 설교 때문에 소망을 발견하고, 설교 때문에 새로운 힘을 얻고, 설교 때문에 삶이 변하는 설교자이다.

꿈이 있다. 강단의 말씀으로 인해 한국 교회가 새로워지는 꿈, 흩어진 하나님 백성에게 소금이 되고 빛이 되는 꿈, 이 땅에 하나님 나라가

실현되는 꿈. 이 꿈을 이루는 일에 보탬이 되는 원대한 꿈이다. 그러나 설교는 어렵다. 좌충우돌 가야 할 미로 같다. 설교에 대한 부담감은 모든 설교자의 마음일 것이다.

이 책에 그동안 공부하고 학습된 훌륭한 설교자들의 통찰을 드러내려고 했으나 글을 쓰면 쓸수록 한 명의 설교자로서 같이 아파하고 같이 웃고 싶었다. 말씀을 나누고 전하고 선포하는 영광과 특권, 부담감을 끌어안은 설교자들과 함께 마음을 나누고자 했다.

모든 설교자에게 설교 여정이 있다. 하나님의 부르심을 따라 저마다 속도와 방향으로 사명을 따라 걸어간다. 지난 여정을 돌아보고 하나님의 부르심에 반응하는지, 얼마나 바르게 살아가는지, 최선을 추구하는지 점검하고자 했다. 아니, 설교자가 얼마나 고민했는지, 얼마나 아팠는지, 그대로 담으려고 했다.

때때로 설교자로서 길을 잃을 때가 있다. 이 책이 다시 길을 찾는 실마리가 되기를 바란다. 목마른 설교 사역에 한 방울 물이 되길 소망한다. 설교 여정에 한 발 더 나아갈 지도(Map)가 되기를. 무명의 설교자들과 같은 마음을 나누는 통로가 된다면 더할 나위 없는 영광이겠다. 설교의 영광과 무게로 신음하는 여러분, 공감이 된다면 제 손을 꼭 잡아주시길 부탁드린다. 이 영광스럽고 고독한 길을 같이 걸어가면 좋겠다.

이 책을 가장 애타게 기다린 사람은 아내이다. 유학 때부터 지금까지 아내의 격려가 없었다면 이 책은 세상에 나오지 못했을 것이다. 사랑하는 아내에게 고마운 마음을 가득 담아 이 책을 바친다.

이 모든 영광을 하나님께 올려드린다. 나의 어리석음으로 인해 늘 돌아보아야 하나님이 인도하셨다는 것을 안다. 돌아보니 책으로 태어나는 모든 과정에 크고 섬세하게 놀라울 정도의 은혜로 함께하셨다. 바흐가 악보마다 지문처럼 새겼던 S.D.G를 이 지면에 빌려 쓰고 싶다. Soli Deo Gloia!

2022년 1월
설교자 지혁철

Part 01

설교가
뭐예요?

설교는 어디에서 시작할까? 설교의 시작은 성경, 하나님 말씀인 성경에서 시작한다. 얼핏 보면 지극히 당연한 이야기이고 누구나 그렇게 할 것처럼 보인다. 하지만 설교자로서 감히 고백하건대 무척 어렵고 힘든 작업이다.

텍스트로서 성경 본문을 그 정도로 존중하지 않고 설교해 왔고, 설교할 수 있다고 생각했다. 부끄럽지만 숨길 수 없는 나의 모습이다. 게다가 설교 현장에서 놀라울 정도로 성경이 아닌 다른 곳에서 설교를 시작하려는 유혹에 굴복하는 설교자가 많다. - 20쪽에서

1.

철학이 있어야 한다

맛집 사장님, 뛰어난 운동선수, 듣는 이를 감동시키는 가수, 보는 이를 감동시키는 영화감독, 감칠맛 나는 연기를 보여주는 배우, 시인, 작가, 심지어 정치인까지 사람을 끌어모으는 사람은 저마다 철학이 있다. 왜 그 일을 하는지, 그 일을 통해 이루고자 하는 바가 무엇인지, 무엇과도 타협할 수 없는 기준이 무엇인지 명확하고 확고하다.

설교자도 다르지 않다. 아니, 똑같다. 탁월한 설교를 위해 설교자는 자신만의 분명한 설교 철학을 정립해야 한다. 설교가 무엇인지, 설교자는 누구인지, 무엇을 설교해야 하는지, 설교의 대상은 누구인지, 설교의 목표가 무엇인지, 왜 설교하는지, 어떤 설교 스타일로 할 것인지에 대한 철학이 있어야 한다.

설교가 설교 철학에서부터 시작한다는 말의 의미는 단순하다. 최소한 설교의 목표, 즉 설교를 통해 이루고자 하는 바를 분명히 생각해야 한다. 성경에 뿌리를 둔 견고한 설교 철학에서 설교의 방향과 내용이 결정되고, 끝까지 설교할 수 있는 동력이 나오며, 일관성 있는 설교가 나오기 때문이다. 청중을 사로잡는 탁월한 설교의 첫 번째 비밀은 바로 성경에 뿌리내린 설교자의 분명한 설교 철학이다.

2.

하나님 말씀에서 시작

설교는 어디에서 시작할까? 설교의 시작은 성경, 하나님 말씀인 성경에서 시작한다. 얼핏 보면 지극히 당연한 이야기이고 누구나 그렇게 할 것처럼 보인다. 하지만 설교자로서 감히 고백하건대 무척 어렵고 힘든 작업이다.

텍스트로써 성경 본문을 그 정도로 존중하지 않고 설교해 왔고, 설교할 수 있다고 생각했다. 부끄럽지만 숨길 수 없는 나의 모습이다. 게다가 설교 현장에서 놀라울 정도로 성경이 아닌 다른 곳에서 설교를 시작하려는 유혹에 굴복하는 설교자가 많다. 영화, 소설, 드라마, 시, 예화, 그림, 음악, 사건과 사고 등 성경이 아닌 다른 곳에서 설교를 시작하고 싶은 유혹은 다양할 뿐 아니라 달콤하고 질기고 치명적이다.

이런 것에서 설교의 영감과 아이디어를 얻을 수도 있다. 이 지점에서 설교를 시작할 수도 있다. 다만 전제 조건이 있다. 그 영감과 아이디어를 다룰 수 있는 본문을 찾고, 말씀을 묵상하고 설교해야 한다.

설교는 하나님 말씀인 성경에서 시작한다는 진리는 설교자로 하여금 성경의 권위를 인정하게 할 뿐 아니라, 성경 본문을 존중하게 만든다. 설교가 하나님 말씀인 성경에서 시작하기 때문에 설교자는 본문을 존중하고, 그 본문이 가진 권위를 인정할 수밖에 없다. 말씀 앞에 겸손히 자신을 낮출 수밖에 없다.

본문을 깊이 묵상하게 된다. 하나님 말씀에서 설교를 시작할 때 설교자는 본문으로 택한 텍스트를 더 깊이 들여다보고 그 본문이 가진 맛과 멋, 그리고 그 본문이 가진 고유한 색깔을 찾아내려고 최선을 다한다.

본문을 기록한 저자의 내면과 그가 보았던 세상을 보기 위해 시간을 쏟게 된다. 마음과 정신을 집중하게 된다. 말씀 속에서 길을 찾고, 말씀이 건네는 이야기에 귀를 기울인다. 그때 비로소 그 본문에서 끌어올린 설교가 가능하다. 다른 본문과 비슷한 말씀이어도 그 본문만의 맛과 멋과 색깔을 발견하고 나눌 수 있다.

그렇다. 설교자는 성경을 설교해야 한다. 성경을 설교하는 일은 지난한 작업임에 분명하다. 그러나 동시에 하나님 말씀을 나누고 가르치고 전하고 선포하는 영광스러운 일임에 틀림없다.

기억하자. 설교는 자기 의견을 피력하는 시간이 아니다. 설교는 자신의 경험을 이야기하는 시간이 아니다. 설교는 어느 탁월한 사람의 지식을 전하는 시간도 아니다. 설교는 하나님 말씀을 전하는 사건이다.

3.

말씀이 육신이 되는 영광

논어 '위정편'은, 말은 말하는 사람 자신이라고 가르친다. [1] 동의하고 공감할 수밖에 없다. 사도 요한은 더 놀랍고 충격적인 문장을 들려준다. "말씀이 육신이 되어 우리 가운데 거하시매 우리가 그의 영광을 보니 아버지의 독생자의 영광이요 은혜와 진리가 충만하더라(요 1:14)." 이 구절

◆
1) 『논어』 '위정편'의 말과 행동에 관한 교훈들을 한마디로 요약한 문장이다.

은 하나님의 아들 예수가 말씀이라는 진리를 전한다.

다시 말해 하나님이 곧 말씀이며, 말씀이 곧 하나님이라는 진리를 선포한다. 성경에서 시작하는 설교가 다른 여타 강연과 차별성을 가지며, 권위를 가질 수밖에 없는 절대적 이유이다. 이 놀랍고 아름다운 말씀은 설교자에게 엄청난 권위와 부담감을 동시에 가져다준다.

말은 말하는 사람 자신이라는 이 문장을 설교와 설교자에게 얼마든지 대입해 보자. 설교는 설교자 자신이다.[2] 여기에 하나님이 곧 말씀이라는 성경 말씀을 한 번 더 적용해 보자. 설교는 설교자 자신일 뿐 아니라 설교자는 하나님 말씀의 대언자라는 진리가 드러난다. 정신이 번쩍 든다.

이 땅의 설교자는 정신을 차려야 한다. 하나님 말씀이 하나님 자신이기 때문이다. 말씀이 육신이 되었다는 이 짧은 말씀이 가진 무게가 어느 정도인지 가늠하기 어렵다. 이 아름다운 한 줄 말씀은 설교자에게 어떤 책임이 주어졌는지 설교자가 어떤 무게감을 껴안아야 하는지, 설교자의 영광이 무엇인지 잘 보여준다.

설교자는 설교의 무게감, 설교의 영광스러움, 설교의 고통을 제대로 맛보고 느껴야 한다. 그때 비로소 설교자다운 설교자가 된다. 그때 비로소 설교다운 설교를 시작할 수 있다.

◆

2) Phillips Brooks, 설교론 특강(On Preaching), 서문강 역(경기 파주: 크리스천다이제스트, 2014), 16-17.

4.

설교자가 해야 하는 거다

설교자로서 어떻게 설교하는지 내 삶을 반추해 보니 무척이나 설교하는 이유가 많고 다양하다. 결론은 설교자는 설교해야 한다는 거다. 어떤 이유에 바탕을 두든지 설교자는 설교해야 한다. 설교는 설교자의 숙명이다.

1. 설교자로서 설교의 목적, 설교의 목표가 무엇인지 자신에게 묻고 정직하게 대답해 보라.

2. 대답한 내용에 적합한 설교 스타일이 무엇인지 질문하라. 그 설교 스타일을 찾는데 관심을 기울이는지, 그 스타일을 찾고 있는지 대답해 보라.

3. 설교의 목적, 설교의 목표가 분명하고, 그 목적과 목표를 이루기에 적합한 설교 스타일을 찾았다면 더욱 발전시키라. 만약 그렇지 못하다면 철학을 바꾸거나 설교 스타일을 바꾸라.

5.

강해를 오해하다니 (1)

설교를 배우면서 귀에 못이 박힐 만큼 들었던 단어, 이 단어를 제목으로 출간된 책의 종수만 해도 책장을 너끈히 채우고 남을 바로 그 단어, 모든 설교자가 꿈꾸는 단어, 설교를 사모하는 성도 역시 사모하는 단어, 강해설교!

강해설교는 본문으로 삼은 성경 구절을 한 절 한 절 풀어 가는 것이라고 알고 있었다. 그렇게 생각하는 설교자와 성도에게 듣고 배웠다. 성경 본문을 한 절 한 절 풀어 가면서 성경의 뜻을 풀이하는 설교자들이 놀라웠다. 나도 저런 설교자가 될 수 있을까? 상상조차 쉽지 않았다.

나는 강해설교를 오해했다. 안타깝다고 해야 할까? 아니면 미안하다고 해야 할까? 성경을 한 절 한 절 풀어 가는 것은 강해설교가 아니다. 몇 절씩 묶어서 풀어 가는 것도 강해설교가 아니다. 단어의 오묘한 뜻을 찾아 그 의미를 해석하는 것도 강해설교가 아니다.

강해설교란 성경의 본래 의미, 성경 저자가 진짜 하고 싶었던 말씀을 찾아서 오늘을 살아가는 청중이 이해할 수 있는 언어로 그 의미를 들려주는 것이다. 강해설교란 성경 저자가(궁극적으로는 하나님이요, 동시에 그 성경 인간 저자) 역사의 어느 시점을 살아간 사람에게 들려주신 그 말씀의 의미를 찾아내고 밝혀서 오늘을 살아가는 청중에게 적실한 언어로 적용하고 들려주고 나누고 가르치고 선포하는 것이다. 설교 스타일은 다를 수 있어도 모름지기 모든 설교는 강해설교여야 한다.

6.
강해를 오해하다니 (2)

강해설교는 설교 스타일 중 하나라기보다 설교 철학에 가깝다. 강해설교는 본문 말씀의 중심 사상을 찾고 그 중심 사상을 청중에게 들려주는 설교를 가리킨다.

강해설교는 다양한 설교 형태를 가질 수 있다. 대지설교, 이야기 설교, 이야기식(내러티브) 설교, 주제설교, 전위적인 예술로써의 설교, 원 포인트 설교, 변증설교, 동기부여 설교, 학문적인 설교, 웅변적 설교, 문학적 설교, 레토릭 설교 등.

설교자는 다양한 설교 형태로 설교할 수 있다. 선호하는 설교 스타일이 다를 수 있다. 자신에게 가장 잘 맞고 알맞은 설교 형태를 취할 수 있다. 설교자의 설교 철학을 성취하기에 가장 적합한 설교 형태를 얼마든지 추구할 수 있다.

그럼에도 모든 설교는 강해설교여야 한다. 설교자는 하나님 말씀인 성경을 설교해야 하고, 성경에서 설교가 시작하기 때문이다. 설교자는 어떤 설교 스타일에 얽매일 필요가 없다. 특정한 설교 스타일이어야 한다는 고민은 하지 않아도 된다.

어떤 스타일로 설교해도 강해설교이고, 강해설교는 모든 형태의 설교 스타일을 아우른다. 강해설교를 바르게 이해하면 설교에서 상당한 자유를 얻을 수 있다.

7.

말씀에 이끌리는 삶을 위하여

설교는 설교자를 통해 나온다. [3] 설교는 설교자와 분리될 수 없다. 필립스 브룩스에 따르면 설교자는 진리를 전달하는 통로이자 진리의 일부분이 되어야 한다. 따라서 설교자는 자신이 전하는 말씀으로 항상 자신을 조율해야 한다.

말씀에 자신을 맞추어야 한다. 설교와 설교자를 분리할 수 없고, 설교자가 먼저 말씀에 자신을 조율해야 한다는 말을 설교자가 살아내는 것만 설교해야 한다거나 설교할 수 있다는 의미로 오해해서는 안 된다. 만약 그렇다면 설교할 수 있는 설교자는 손에 꼽을 정도에 지나지 않을 것이다.

설교와 설교자를 분리할 수 없으며, 설교가 설교자를 통해 전달되는 진리라는 말은 설교의 첫 번째 청중은 청중이 아니라 바로 설교자 자신이라는 의미로 해석할 수 있다. 설교자는 항상 하나님 말씀 앞에 자신을 세우고, 말씀에 의해 새로워지고, 말씀에 이끌리는 삶을 살아가야 할 책임과 의무가 있다.

설교자가 하나님 말씀에 조율되어야 하고 말씀에 이끌리는 삶의 방향을 두는 것이야말로 설교자의 책임과 의무이기 때문이다. 동시에 이것은 하나님께서 설교자에게 주신 특권이기도 하다.

◆

3) 필립스 브룩스는 설교란 설교자의 성품, 설교자의 정서, 설교자의 지성적이고 도덕적 존재를 통하여 나와야 한다고 말한다. Phillips Brooks, 설교론 특강(On Preaching), 서문강 역(경기: 크리스천다이제스트, 2014), 18-19.

인간다움을 상상하게 하라

설교자는 하나님 말씀의 시종이다. 하나님 말씀을 전하고 나누고 가르치고 선포해야 하는 말씀의 시종이기에 설교자에게는 여러 가지 덕목이 요구된다. 설교자에게 요구되는 덕목 중 가장 중요한 덕목은 무엇일까? 인간다움을 꼽고 싶다. [4]

현 시대는 인간성이 말살된 시대요, 인간성을 상실한 시대요, 인간성을 빠르게 잃어 가는 시대이다. 그러므로 하나님 말씀을 전하고 나누고 가르치고 선포하는 설교자는 인간다움이 무엇인지 보여주어야 할 책임이 있다. 기계적으로 말씀을 전하거나, 사무적으로 설교하는 설교자를 상상해 보면 인간적인 설교자가 얼마나 필요한지 알 수 있다.

참 인간다움, 예수 전하기

예수는 설교자 중의 설교자, 인류 역사상 가장 탁월한 설교자이다. 예수는 가장 깊은 영성의 소유자이다. 이 사실을 부정할 설교자는 아무도 없다. 예수에 대해 종종 간과하는 면이 있다. 예수야말로 하나님이

◆
4) 류호준 교수는 오늘 이 시대에 설교자에게 가장 먼저 요구되는, 설교자에게 가장 중요한 덕목이 인간성이라고 말한다. 인간성이 말살되고 상실된 시대이기 때문에 인간적인 설교자, 인간성이 풍부한 설교자가 더욱 필요한 시대라고 강조한다. "류호준 교수와의 인터뷰" 대담 지혁철(광주, 2021. 1).

의도하신 인간다움의 정수를 보여주신 분이라는 사실이다. 예수는 너무나 인간적인 분이다. 예수를 보면 어떤 인간이 되어야 하는지, 하나님이 기대하는 참된 인간상이 무엇인지 알 수 있다.

예수는 남녀노소, 빈부귀천을 막론하고 누구나 다가갈 수 있는, 쉽게 다가갈 수 있는 분이었다. 너무나 인간적인 예수를 생각하면 한 가지 깨닫는 진리가 있다. 지고지순한 영성의 소유자가 될수록 다가가기 쉬운 사람, 인간미가 충만한 사람이 되어야 한다는 진리이다.

설교자는 깊은 영성의 소유자가 되어야 한다. 지나치게 부담을 가질 필요는 없다. 뿌리 깊은 영성은 하루아침에 얻을 수 없기 때문이다. 하나님 말씀을 전하면서, 하나님 말씀에 사로잡히면서, 하나님 말씀으로 끝없이 자신을 조율하면서 뿌리 깊은 영성을 갖춘 사람으로 변하게 되는 법이다. 시간이 필요하다는 의미다.

그러나 반드시 기억해야 할 것이 있다. 탁월한 설교자 예수, 참 인간다움을 보여주신 예수, 모든 설교자의 모범이요 푯대가 되신 예수를 생각하면서 설교자의 삶의 방향과 내용이 무엇인지 아는 것이다. 믿음의 주요 온전하게 하시는 예수를 바라보고, 생각하면서 이 땅의 모든 설교자는 예수를 닮아 가야 한다.

다시 말해 예수의 뒤를 따르는 설교자, 예수를 바라보고 생각하는 설교자, 예수를 닮아 가는 설교자는 뿌리 깊은 영성과 깊은 인간미를 갖추어야 한다. 남녀노소, 빈부귀천을 막론하고 누구나 다가가기 쉬운 사람이 되어야 한다.

다가가기 거북하고 껄끄럽고 어려운 설교자는 예수를 닮아 가지 못하는 설교자이며 예수를 전혀 보여주지 못하는 설교자라는 증거다. 설교자는 다가가기 쉬운 인간성이 충만한 사람이어야 한다. 복음(예수 그리스도)을 전하고 나누고 가르치고 선포하는 설교자라면 당연히 그래야 한다.

10.
무 한 공 유 꿀 팁 을 적 어 라

말로 한다. - 머리로 한다. - 엉덩이로 한다. - 몸짓으로 한다. - 눈빛으로 한다. - 표정으로 한다. - 기도로 한다. - 묵상으로 한다. - 마지못해 한다. - 죽을 만큼 하기 싫어도 해야 한다. - 영광스럽다 생각하고 한다. - 기쁘게 한다. - 탄식하며 한다. - 눈물로 한다. - 웃으며 한다. - 기대하며 한다. - 아픔을 품고 한다. - 사랑으로 한다. - 끈질기게 한다.

최선을 다해 한다. - 대충한다. - 자기 마음대로 한다. - 성경에 이끌리며 한다. - 성령을 의지하며 한다. - 매주 해야 하기 때문에 한다. - 욕먹을 각오로 한다. - 가끔 칭찬받으며 한다. - 잘하고 싶은 욕심으로 한다. - 실패를 딛고 일어서서 다시 한다.

방향성을 가지고 한다. - 어디로 가는지 자신도 모르면서 한다. - 삶의 변화를 목표로 한다. - 성경을 더 잘 알려주려고 한다. - 시대를 보는 안목을 바탕으로 한다. - 시대에 무관심한 채로 한다. - 예수를 보여주기 위해 한다. - 자신을 드러내려고 한다.

큰 교회 청빙 받을까 기대하는 마음으로 한다. - 작은 교회라도 갈 수 있기 바라는 마음으로 한다. - 개척하길 기대하는 마음으로 한다. - 담임목사가 되면 더 잘할 수 있지 않을까 기대하는 마음으로 한다. - 이번이 마지막이라는 생각으로 한다.

수많은 청중이 있다고 상상하고 한다. - 단 한 명을 위해서 한다. - 어떤 상황에 닥쳐도 무조건 해야 하기에 한다. - 설교자 자신을 위해 한다. - 하나님의 마음을 잘 전하고 나누고 가르치고 선포하기 위해 한다. - 무엇보다 하나님의 영광을 위해 한다.

의심과 거부감

'설교'를 생각하면 가장 먼저 시골 모(母)교회와 열악한 환경 속에서 힘겹게 목회하고 설교한 목사님 몇몇 분이 떠오른다. 두말할 것 없이 고마운 분들이다. 그러나 안타깝게 설교로 제한하면 나의 호기심 또는 관심을 끌지 못했다. 나뿐만 아니라 시골 교회 어르신 대부분의 마음을 사로잡지 못했다.

모교회를 담임한 모든 목사님들이 하나같이 몇 가지 핵심을 이야기하는 대지설교를 하셨다. 방식은 언제나 동일하다. 첫째, 둘째, 셋째. 가끔 넷째 또는 '마지막으로'가 따라 붙기도 했다.

어릴 때부터 대지설교를 듣고 자라서인지 '첫째'라는 단어가 나오자마자 기대감이 뚝 떨어졌다. 신학대학원에서 공부할 때도 대지설교 작성법에 대해 배웠다. 모름지기 설교는 강해설교여야 하며 강해설교는 대지설교라는 공식이 존재하는 것 같았다. 거북했다. 거부감도 들었다. 좋은 대지설교도 있지만 거의 대부분 개연성 없는 세 편의 설교를 듣는 것 같았다.

치명적인 부분도 있었다. 설교의 마지막 대지를 들을 때면 앞에 들었던 '첫째'와 '둘째'는 산 너머 남촌으로 떠나버리고 없었다. 반대 경우도 있었다. '첫째'가 너무 긴 나머지 '둘째'와 '셋째'는 칠삭둥이조차 되지 못한 채 사라져버리기도 했다.[5)]

궁금했다. 의심스러웠다. 거부감도 들었다. 하나만 제대로 말해도 충분하지 않을까? 하나를 제대로 전달하는 게 낫지 않을까? 나의 설교 여정은 의심과 거부감에서 시작되었다. 설교에 대한 의심과 거부감, 어색하고 다소 불경스러워 보이지만 꽤나 괜찮은 출발이었는지도 모른다.

◆
5) Bryan Chapell, 그리스도 중심의 설교, 195. 브라이언 채플은 청중은 대지 설교에 있어서 균형을 원한다고 말한다.

설교 철학이란?

　설교자에게는 분명한 설교 철학이 있어야 한다. 흔들리지 않는 설교 철학이 있을 때 일관성 있는 설교가 가능하다. 설교 철학이 분명할 때 설교 표절의 유혹도 이길 수 있다. 분명한 설교 철학을 가진 설교자는 다른 이의 설교를 표절할 수 없다. 설교 철학이 표절을 막는 백신의 역할을 하기 때문이다.

　철학은 필수다. 운동선수, 자영업자, 사업가, 교사, 의료 종사자, 연예인, 예술가 등 거의 모든 영역에 종사하는 사람들에게 철학은 필수다. 각 분야에서 두각을 나타내는 사람에게 철학이 없는 경우는 찾아보기 어렵다. 설교자도 다르지 않다.

　설교 철학이 분명하면 청중을 향한 설교의 목적도 분명해진다. 방향성이 분명한 설교 철학이 있다면 설교의 방향성 역시 뚜렷해진다. 이런 맥락에서 볼 때 설교 철학이 없는 설교자는 닻 없는 배와 같다. 이리저리 표류할 수밖에 없다.

앤디 스탠리(Andy Stanley)는, 설교자는 무엇보다 분명한 설교 철학을 갖추어야 한다고 했다.[6] 설교 철학이 설교의 방향을 결정하며, 설교의 형식을 결정하고, 설교의 내용을 결정한다고 말한다.

신학자 토마스 롱(Thomas G. Long) 역시 설교자에게는 분명한 설교 철학이 있어야 한다고 했으며, 설교자는 먼저 믿음의 공동체 안에서 나와 강단으로 올라가야 한다고 말한다.[7]

설교자는 설교자의 말을 듣기 위해 모인 청중에게 설교하도록 위임 받은 사람이라는 철학때문이다. 설교자가 청중으로부터 나왔고, 청중에게 설교하도록 위임받은 사람이기에 설교자는 자신의 말이 아니라 하나님으로부터 받은 말씀을 청중에게 선포할 책임이 있다. 설교자와 설교에 대한 이와 같은 주장은 설교자에게 설교 철학을 요구하며, 설교자로서 분명한 자기 인식을 요구한다.

토마스 롱은 설교자는 대사, 목회자, 이야기하는 자, 그리고 증인의 이미지를 갖추어야 한다고 말한다. 이 역시 설교 철학에서 기인하는 이미지다.[8] 설교자를 잘 나타내는 이미지로 대사, 목회자, 이야기하는 자, 그리고 증인이 있다고 하면서 토마스 롱은 설교자는 증인이 되어야 한다고 주장한다.

증인이기 때문에 설교자의 권위가 강조되고, 증인이기 때문에 성경에 접근하는 방법도 구체적이어야 하며, 증인이기 때문에 추상적인

---

6) Andy Stanley, 최고의 설교자를 만드는 설교 코칭(Communicating For A Change), 김창동 역(서울: 디모데, 2016), 116-153.
7) Thomas G. Long, 설교는 증언이다(Witness of Preaching), 서병채 역(서울: 기독교문서 선교회, 1998), 14-15.
8) Ibid., 32-69.

34

언어가 아니라 수사학의 도움을 받아 명확하게 증언해야 하며, 증인이기 때문에 중립적인 관찰자가 아니라 중요한 위치에 서며, 증인이기 때문에 설교가 예배의 상황에 적실해야 한다고 주장한다.

또한 증인이기 때문에 설교자는 성경적인 설교를 해야 하고, 설교에 책임을 져야 한다고 말한다. 그에 따르면 설교자에 대한 분명한 인식이 설교 철학에 영향을 미치며, 설교 철학은 설교자의 자기 인식뿐 아니라 설교자에게 전인격적으로 영향을 미친다.

존 스토트(John R. W. Stott) 역시 설교자에게는 분명한 설교 철학이 있어야 한다고 주장한다. 그는 설교란 성경 세계와 현대 세계 사이의 간극을 잇는 다리 놓기와 같다고 말한다.[9]

앤디 스탠리는 대부분의 설교자들이 보이는 설교 특성을 세 가지로 분류한다. 성경을 사람들에게 가르치는 것, 사람들에게 성경을 가르치는 것, 사람들에게 성경의 가치관과 원리와 진리를 드러내는 삶을 사는 방법을 가르치는 것이다.

앤디 스탠리는 이 세 가지 중 한 가지를 결정해야 한다고 주장한다. 성경을 사람들에게 가르치는 것은 성경 내용을 사람들에게 가르쳐 그들이 성경을 이해하고 성경을 항해할 수 있게 하려는 것이라 말한다.

보통 성경 각 권을 각 구절에 따라 조직적으로 체계적으로 가르치려는 설교자와 교사가 이에 해당한다. 사람들에게 성경을 가르치는

◆
9) John R. W. Stott, Greg Scharf, 존 스토트의 설교: 말씀과 현실을 연결하는 살아 있는 설교(The Challenge of Preaching), 박지우 역(서울: IVP, 2019), 79-81.

것은 설교자가 청중을 고려한다는 점에서 성경을 사람들에게 가르치는 것과 차이가 있다고 말한다.

사람들에게 성경을 가르치기 위해서 효과적인 방법을 끊임없이 추구해야 한다. 이 방법을 따르는 사람은 청중을 향한 민감한 감각을 요구하며, 어느 정도의 창조성을 필요로 하며 발휘한다.

세 번째가 앤디 스탠리가 적극적으로 동의하는 주장이다. 그는 사람들에게 성경의 가치관과 원리와 진리를 드러내는 삶을 사는 방법을 가르쳐야 한다고 말한다. 즉, 설교의 목표가 변화된 삶, 곧 청중의 삶을 변화시키는 것이다.

그는 청중을 변화시키기 위해 효과적인 설교 방법이 있으며, 삶의 변화를 위한 설교는 정보는 더 적게 적용은 더 많이 필요로 한다고 했다. 삶을 변화시키기 위해 어떤 본문을 다른 본문보다 더 강조해야 한다고도 했다. 설교자에겐 선택과 집중이 필요하며, 적게 가르쳐 더 많이 알도록 해야 한다고 주장한다. 이 모든 주장은 앤디 스탠리의 설교 철학에서 기인한다.

안타깝게도 강단을 지키는 많은 설교자들에게 설교 철학은 희미하거나 부재한 것처럼 보인다. 반복해서 말하지만 설교 철학은 설교자에게 기초와 같고 닻과 같다. 설교 철학이 명확하지 않으면 설교는 표류할 수밖에 없다. 설교자의 설교 철학이 희미하다면 청중에게 무엇을 어떻게 설교해야 할지 방향성을 가질 수 없다.

설교 철학이 희미하거나 부재하면 이것저것 짜깁기식 설교가 가능해진다. 설교 철학이 부재하거나 희미하면 설교 표절도 가능하다. 한국 교회 설교 표절 문제가 갈수록 심각해지는 결정적 이유 중 하나는 설교자의 설교 철학 부재가 원인이라고 할 수 있다.

이런 맥락에서 볼 때 한국 교회가 강단의 위기를 겪는다는 말은 곧 설교자에게 설교 철학이 분명하지 않거나, 확고한 설교 철학이 없다는 말과 일맥상통한다. 한국 교회 강단의 위기를 극복하기 위해 확고한 설교 철학을 세우는 일은 필수다.

팀 켈러와 앤디 스탠리는 많은 한국 목회자가 좋아하고 존경하는 설교자이자 목회자다. 그들은 전혀 다른 지역에서 전혀 다른 청중을 대상으로 전혀 다른 스타일로 설교하는 설교자다.

그럼에도 팀 켈러와 앤디 스탠리 사이에는 놀라운 공통점이 있다. 그 첫 번째가 분명한 설교 철학이다. 팀 켈러는 뉴욕 맨해튼 지성인들과 회의주의자들, 포스트모더니즘과 소비주의에 물든 청중의 삶을 복음으로 변화시키기 위해 설교한다. 앤디 스탠리는 애틀랜타 미(未)그리스도인과[10) 청중의 삶을 복음으로 변화시키기 위해 설교한다.

팀 켈러와 앤디 스탠리 두 설교자는 미그리스도인과 기존 청중에게 예수의 복음을 제시하고, 예수의 복음으로 그들의 삶을 변화시키기 위해 설교를 계획하고 구성하며, 전하고 나누고 가르치고 선포한다. 분명한 설교 철학이 있기에 가능하다.

성경에 뿌리내린 설교 철학이 설교의 방향과 내용을 결정한다. 그뿐만 아니라 설교 철학이 교회론을 형성하는데 지대한 영향을 끼친

◆
10) 한국 교회에서는 예수를 믿지 않는 사람을 비그리스도인이라고 말한다. 필자는 비그리스도인이라는 단어보다는 아직 예수를 믿지 않는 사람, 잠재적 그리스도인이 될 수 있다는 의미에서 미그리스도인이라는 단어를 선호한다.

다. 어떤 교회를 세울 것인지에 대한 설교자의 진지한 고민은 설교에 녹아들 수밖에 없다.

팀 켈러는 맨해튼 한복판을 살아가는 회의론자들을 대상으로 교회를 개척했다. 주변 사람은 불 보듯 뻔한 결과를 얻을 것이라고 했다. 하지만 주지하다시피 리디머(Redeemer) 교회는 놀라운 속도로 부흥했을 뿐 아니라 도시를 바꾸는 교회로 자리매김했다.

팀 켈러는 회의론자에게 다가가기 위해 설교를 계획하고 디자인하고 선포했다. 청중이 마음을 열고, 들을 수 있도록 청중의 언어로 복음을 설교했다. 리디머 교회가 뉴욕 맨해튼 회의론자에게 다가갈 수 있었던 이유, 그들의 삶을 변화시키는 교회로 우뚝 서게 된 결정적인 이유는 팀 켈러의 독특한 설교를 빼놓고 말할 수 없다. 한마디로 말해 그의 설교 철학이 리디머 교회의 DNA에 녹아 있는 셈이다.

앤디 스탠리도 다르지 않다. 애틀랜타에 교회를 개척할 때부터 그는 미그리스도인을 주대상으로 삼았다. 그들에게 다가가기 위해, 그들을 그리스도인으로 변화시키기 위해, 성도의 삶을 변화시키는 것을 교회의 주목표이며 사역 방향으로 삼았다. 이는 그의 설교에 오롯이 녹아난다.

그는 항상 미그리스도인이 청중의 자리에 있다고 가정하고 설교한다. 미그리스도인과 성도에게 성경을 진지하게 읽어 보라고 요청한다. 앤디 스탠리의 설교 철학 위에 노스포인트(Northpoint) 교회가 세워졌다고 해도 지나친 말은 아니다.

설교자의 설교 철학은 단순히 설교에만 나타나는 것이 아니라 어떤 교회를 세워갈지, 회복하고 지향해야 할 교회다움이 무엇인지에도 지대한 영향을 미친다.

Part 02

설교자는
누구예요?

존 맥아더, R. C. 스프로울, 존 파이퍼는 명설교자이다. 이 명설교자들에게 공통점이 있다. 자기 목소리를 가지고 있다는 것이다. 그렇다! 저마다 자기 목소리가 있다. 자기 목소리가 있기에 명설교자인지, 명설교자다 보니 자기 목소리가 생긴 것인지는 불분명하다. 순서가 중요한 것 같지는 않다. 중요한 것은 자기 목소리를 가지고 있느냐 그렇지 못하냐이다. 설교자는 자기 자신이 되어야 한다. 자기 자신이 될 때 진정성 있는 설교가 가능하고, 마라톤 같은 설교 사역을 완주할 수 있으며, 자기만의 목소리로 설교할 수 있다. 설교자는 자기 자신이 되어야 한다. 이 땅을 살아가는 설교자여, 거울 앞에 서서 자신을 향해 외쳐보자. Be Yourself! - 45쪽 중에서

11.

굴복하는 사람

에티 힐레숨(Etty Hillesum)은 '굴복이란 포기하거나 체념하는 것이 아니라, 하나님이 어디든 나를 두시는 곳에서 내가 할 수 있는 대로 작게라도 돕는 것이다.'[11] 라고 했다.

아우슈비츠에서 죽은 네덜란드계 젊은 유대인 에티 힐레숨은 하나님을 섬기는 마음으로 포로수용소로 이송되는 첫 그룹과 함께 가기로 자원했고, 고통과 두려움이 극에 달한 곳에 머물렀다. 그곳에서(하나님이 자신을 두신 곳이라 여겼음이 확실하다) 자신이 할 수 있는 대로 작게라도 도우며 살았던 그녀는 그렇게 하나님을 섬겼으며 영원으로 들어갔다.

서서히 나이가 들어가고 담임 목회지는 요원하다. 마치 담임 목회지가 없으면 목회자가 아닌 듯한 생각은 어디에서 온 것일까? 미래는 불확실하다. 나만이 아니라 모든 사람에게 미래는 불확실하다. 하나님께 굴복하는 삶이란 확실한 미래를 담보로 하는 삶이라기보다 지금 나를 두신 곳에서 작게라도 도우며 사는 삶이 아닐까.

어차피 그리스도인(목사나 선교사는 말할 것도 없고)은 하나님께 굴복한 사람이다. 직분, 장소, 좀 더 안정적인 수입이 아니라 내가 있는 곳, 나를 두신 곳에서 주변 사람을 도우며 살아가는 사람이 그리스도인이다. 목사건, 장로건, 신학자이건 교계의 어떤 직분이더라도 마찬가지다.

◆

11) Ellen E. Davis, 하나님의 진심(Getting Involved with God), 양혜원 역(서울: 복 있는 사람, 2017), 231-232. 엘렌 데이비스는 이 책에서 에티 힐레숨(Etty Hillesum)의 글을 인용하여 굴복의 의미를 밝힌다.

설교자도 다르지 않다. 자신이 그리스도인이라는 사실을 알고 자신이 있는 곳에서 작게라도 도우며 살아간다면 우리 삶이 어떻게 바뀔까? 우리 사는 세상이 어떻게 될까?

설교자는 하나님께 굴복하는 사람, 성경에 굴복하는 사람이다. 교회 앞에 굴복하는 사람이다. 담임 목회자이거나, 부목사이거나, 협력 목사이거나, 기관 목사이거나 직분은 중요하지 않다. 목사는 하나님 말씀에 굴복하고 하나님 말씀을 바르게 선포하고 가르치고 전하여 청중으로 하여금 하나님 말씀에 굴복하게 해야 할 사명을 부여받았다. 실로 아름다운 사역이요 사명이다.

12.

배 아파하지 않는 사람

옷가게 주인은 신발 가게 주인을 시기하지 않고, 분식점 주인은 식당 주인을 시기하지 않는다. 외과 의사는 내과 의사와 경쟁하지 않는다. 축구 선수 손흥민은 야구 선수 류현진과 경쟁하지 않는다.

사람은 다른 분야에 있는 사람을 시기하거나 경쟁하지 않는다. 설교자도 다르지 않다. 청중과 경쟁하지 않는다. 목회자는 성도가 잘 될 때 배 아프지 않다. 정상적인 목회자라면 성도가 잘 되길 바라고 바란다.

설교자는 다른 설교자와 경쟁한다. 목회자는 다른 목회자와 경쟁한다. 가까이 있는 설교자, 지근거리의 목회자와 경쟁한다. 목사라는 직분이 있어서 차마 대놓고 시기하거나 경쟁하지 못하지만 은근히, 남몰래,

숨어서… 다른 설교자, 다른 목회자와 경쟁한다. 그렇게 생각하거나 시기한 적이 있다면 사도 바울의 이야기를 들어 보자.

내가 그리스도 안에서 감옥에 갇혔다는 사실이 온 친위대와 그밖의 모든 사람에게 알려졌습니다. 주님 안에 있는 형제자매 가운데 많은 사람이 내가 갇혀 있음으로 말미암아 더 확신을 얻어서, 하나님 말씀을 겁 없이 더욱 담대하게 전하게 되었습니다. 어떤 사람들은 시기하고 다투면서 그리스도를 전하고, 어떤 사람들은 좋은 뜻으로 전합니다. 좋은 뜻으로 전하는 사람들은 내가 복음을 변호하기 위하여 세우심을 받았다는 것을 알고서 사랑으로 그리스도를 전하지만, 시기하고 다투면서 하는 사람들은 경쟁심으로 곧 불순한 동기에서 그리스도를 전합니다. 그들은 나의 감옥 생활에 괴로움을 더하게 하려는 생각을 품고 있습니다. 그렇지만 어떻습니까? 거짓된 마음으로 하든지 참된 마음으로 하든지, 어떤 식으로 하든지 결국 그리스도가 전해지는 것입니다. 나는 그것을 기뻐합니다. 앞으로도 또한 기뻐할 것입니다. (빌 1:13-18, 새번역 성경)

그가 갇혔을 때 어떤 사람은 더욱 용기를 얻어 복음을 전했다. 어떤 사람은 사도 바울이 갇혔다는 소식을 듣고 시기와 다툼의 동기로 삼았고, 사도 바울을 괴롭히려는 목적으로 복음을 전했다. 감옥에 들어앉아 이 소식을 전해 들은 사도 바울은 이렇게 말했다. "오~~~예! 결국 예수가 전파되는 거잖아!" 이 정도 실력을 갖춘 설교자가 되면 좋겠다.

13.
나는 30호 설교자?

TV 프로그램에서 화제를 일으킨 30호 가수는 자신을 이렇게 소개했다. '나는 배 아픈 가수다!' 뛰어난 사람을 시기하고 질투하는 것이 자신의 재능이기 때문에 스스로 자신에게 붙인 별명이었다.

한 심사위원이 이 말을 듣고 다른 사람의 재능을 알아본다면 그때부터 시기 질투가 아니라 동경 또는 선망이라고 해야 한다고 하자, 그 가수는 그 자리에서 바로 자신의 별명은 바꾸었다. 배 아픈 가수가 아니라 동경하는 가수라고.

나에게 고스란히 적용할 수 있겠다. 나는 '배 아픈 설교자'였다. 이제 '동경하는 설교자'가 되고 싶다. 주여, 눈을 열어 다른 설교자의 재능을 알아보게 하소서.

14.
Be Yourself! 자기 자신이다

은사 김은철 교수는 늘 힘주어 말씀하셨다. "처음엔 다른 사람의 목소리를 흉내 내는 것도 좋아요. 흉내 내기 위해 노력해야 해요. 다른 사람의 해석 방식, 전개 방식, 목소리와 표정, 몸짓까지 흉내 내면서 많은 것을 배울 수 있어요. 하지만 결국 설교자는 자기 자신이 되어야 해요." 잊을 만하면 이 이야기를 반복해서 들려주셨다. 그리고 마지막에 경구처럼 덧붙이셨다. "Be Yourself!!"

바이런 얀은 『자기 목소리로 설교하라』를 출간했다. 저자는 이 책에 존 맥아더, R. C. 스프로울, 존 파이퍼 이야기를 담았다. 존 맥아더는 명료함이라는 목소리를 가지고 있고, R. C. 스프로울은 단순함이라는 목소리를 가지고 있으며, 존 파이퍼는 열정이라는 목소리를 가지고 있다고 했다.

존 맥아더, R. C. 스프로울, 존 파이퍼는 세상 어디에 내놔도 손색 없는 명설교자이다. 이 세 명의 명설교자에겐 자기 목소리라는 공통점이 있다. 그렇다! 이 세 명의 설교자에게 공통점이 있다. 자기 목소리를 가졌다는 것이다. 자기 목소리가 있기에 명설교자가 된 것인지, 명설교자다 보니 자기 목소리가 생긴 것인지 순서는 불분명하다.

순서가 중요한 것 같지는 않다. 중요한 것은 자기 목소리를 가지고 있느냐 그렇지 못하냐이다. 설교자는 자기 자신이 되어야 한다. 자기 자신이 될 때 진정성 있는 설교가 가능하고, 자기 자신이 될 때 마라톤 같은 설교 사역을 완주할 수 있으며, 자기 자신이 될 때 자기만의 목소리로 설교할 수 있기 때문이다. 이 땅을 살아가는 설교자여, 거울 앞에 서서 자신을 향해 외쳐 보자! Be Yourself!

15.
인 정 중 독 에 서 벗 어 나 야 할 사 람 (1)

누구나 인정 욕구가 있다. 어린아이부터 노년에 이르기까지 누구나 인정 욕구가 있다. 강도 차이, 정도 차이가 있을 따름이다. "좋은 말씀 감사합니다." "은혜 받았습니다." "말씀이 너무 좋습니다." "탁월하십니다." 설교자라면 누구나 듣고 싶은 말이다. "지겹다." "잘 잤다." "도대체 언제 끝나?" "왜 이렇게 길어?" 설교 후 이런 말을 듣는다면 그날 밤 잠은 다 잔 거다.

설교자도 인정 욕구가 있다. 인정받아야 할 필요가 있다. 설교자는 청중을 외면하거나 무시할 수 없고, 그래서도 안 된다. 그러나 인정 욕구가 지나쳐 인정 중독에 이른다면 치명적이다. 설교자가 인정받아야 할 최고의 청중은 하나님이다.

하나님의 인정에 목마르고 하나님의 인정에 중독된다면 사람의 인정에서 자유할 수 있다. 그래도 가끔 사람에게 인정받아야 한다. 설교자 역시 사람이며 사람 사이에서 살아가기 때문이다. 그 사람이 아내라면 금상첨화! 더할 나위 없다. 느닷없는 이야기지만 나는 아내에게 인정받는 설교자가 되고 싶다.

아들이 갑상선 질병을 앓고 있다. 한쪽 갑상선을 제거하고 회복하는 중이다. 의료진은 나머지 한쪽도 제거하면 좋겠다고 한다. 재발 가능성, 위험성이 높다는 이유이다. 아내와 나는 고민 끝에 거절했다. 아직 초등학생인데 너무 가혹하다 생각했다. 앞으로도 계속 추적 관찰하면서 필요에 따라 수술과 치료하는 방향이 더 낫다고 판단했다.

나는 초등학생인 아들에게 설교자이자 목회자의 직분에 대해 물었다. "아빠가 목회 사역을 그만두면 어떨까? 네가 더 건강하게 자랄 수 있도록 환경을 바꾸고 싶은데, 네 생각은 어때?" 갓 열두 살이었던 아들과 나눌 만한 대화라고 보긴 무겁고 진지한 대화였다.

잠시 후 아들이 이렇게 물었다. "그러면 아빠가 목사 일을 안 한다는 말이에요? 더 이상 하나님 말씀을 전하지 않는다는 말인 거죠?" 내가 그렇다고 하자 한동안 말이 없던 아들이 입을 열었다. "난 아빠가 목사로 살아가면 좋겠어요. 하나님 말씀 전하는 사람으로 살아가면 좋겠어요. 그게 아빠니까요." 아, 먹먹했다.

나는 아들의 이 말을 하나님의 음성으로 받아들였다. 하나님께서 이 부족한 사람에게 여전히 말씀을 맡기고 싶어하신다고 생각했다. 가족의 인정, 아내와 자녀의 인정은 설교자를 중독으로 몰아가는 것이 아니라 춤추게 한다. 이 험난한 길을 걸어갈 동력을 제공한다. 설교자의 사명을 다시 끌어안게 한다.

16.
인 정 중 독 에 서 벗 어 나 야 할 사 람 (2)

주일 오후 예배 또는 금요 철야 예배 설교는 부목사나 전도사에게 주어지는 대표적 설교 시간이다. 무척 졸리고 피곤한 시간이어서 정신줄을 놓치지 않으려고 애쓰지만 그마저 어려울 때가 있다. 설교자이나 청중의 마음을 이해할 수 있다.

강단에 서면 청중이 잘 보인다. 청중의 눈빛이 보이고 표정을 읽을 수 있다. 그날도 주일 오후 예배 시간이었는데, 한 장로님이 꾸벅꾸벅 졸았다. 주무셨다고 해야 정확하다.

놀라운 일은 예배를 마치고 나서였다. 꿀잠 주무신 장로님께서 다가오더니 나의 손을 꼭 잡고 한 말씀 남기셨다. "은혜 받았습니다." 인정에 목말라 하는 나에게 장로님은 하나님이 보내신 천사 같았다.

설교 시간에 졸고 있는 청중에겐 어쩌면 설교자 목소리가 엄마 품처럼 자장가처럼 들렸는지도 모른다. 예배당이 내 집처럼 편안하고 안방 침대처럼 익숙하고 포근했을 것이다. 아무리 피곤해도 마음이 불안하면 잠들 수 없고, 아무리 잠자라고 해도 잠들지 못한다. "장로님, 그렇게 느낀 것 맞죠?"

그날 설교 시간 내내 주무신 장로님, 내 손을 잡고 따뜻한 언어로 격려한 장로님! 교육 전도사 시절, 그러니까 사역 초장에 사람의 인정에 목매지 말라고 깨닫게 하신 사건(?)이 아니었을까. 종종 그 일을 떠올리면 사람을 더 이해하고 깨닫게 된다.

17.

하 나 님 의 양 떼 를 돌 보 는 사 람

설교 목사, 한 교회에서 설교 사역만 전담하는 목사를 일컫는 말이다. 미국에는 설교 목사가 있다. 한국 교회에 설교 목사가 있다는 말은 아직 들어보지 못했다.

한국 교회에서 설교자는 목회자다. 설교자가 목회자라는 사실이 우리에게는 당연하게 보인다. 하지만 설교자가 목회자라는 명제를 조금 더 깊이 생각할 필요가 있다. 설교자가 목회자라는 이 단순한 문장에 깊은 뜻이 들어 있다.

1. 설교자는 목회자이기에 설교는 목회적이어야 한다. 청중의 필요가 무엇인지 자세히 살펴야 한다. 청중의 삶을 이해해야 한다. 청중의 삶에 관심을 기울여야 한다. 청중과 시간을 보내고, 청중의 이야기를 경청해야 한다. 다른 이유가 없다. 설교자는 목회자이기 때문이다.

2. 목회자인 설교자는 청중이 들어야 할 말씀이 무엇인지 주도면밀하게 살펴야 한다. 설교자가 관심이 가는 말씀, 설교자가 전하고 싶고, 나누고 싶고, 가르치고 싶고, 선포하고 싶은 말씀이 있다. 하지만 설교자는 자신의 관심사보다 청중의 필요에 더 민감해야 한다. 청중에게 꼭 필요한 말씀이 무엇인지 주의 깊게 살펴야 할 책임이 있다. 청중에게 필요한 말씀을 잘 전해야 한다.

잠언 저자는 이렇게 말한다. "너의 양 떼의 형편을 잘 알아 두며, 너의 가축 떼에게 정성을 기울여라"(잠 27:23, 새번역 성경) 예수께서도 당신의 제자 베드로에게 이렇게 말씀하셨다. "예수께서 이르시되 내 양 떼를 먹여라. 내 양 떼를 쳐라. 내 양 떼를 먹여라"(요 21:15~17, 우리말 성경). 주목해서 보아야 한다.

청중은 목사의 양이 아니다. 하나님의 양이다. 목회자는 하나님의 양 떼를 먹이고 치고 돌보도록 부름 받았다. 영광스러운 일이다. 특권 중의 특권이다. 동시에 무거운 책임이다.

목회자로서 설교자는 목양하는 하나님의 양 떼에게 깊은 관심과 주의를 쏟아야 한다. 사랑으로 돌보아야 한다. 하나님 말씀으로 하나님의 양 떼를 먹이고 치고 돌보아야 한다. 목회적 소명이 설교자의 설교 전체에 스며들어야 한다. 설교자는 목회자이기 때문이다.

18.
가볍게 여길 일이 하나도 없다

목회자에게 요구되는 사역은 많고 다양하다. 목사의 직무를 정확하게 알기 위해 교회법을 살펴보면 유익하다. 목사라면 목사의 직무를 알고 있어야 하고, 교회의 지도자 역시 목사의 직무를 이해하는 것이 목회자에게도 교회에게도 유익하다.

교회법이 정의하는 목사의 직무는 다음과 같다. 1) 교인을 위해 기도하는 일, 2) 하나님 말씀으로 교훈하고 강도하는 일, 3) 찬송하는 일과 찬송을 가르치는 일, 4) 성례를 행하는 일, 5) 하나님을 대리하여 축복하는 일, 6) 어린이와 청년을 교육하는 일, 7) 교우를 심방하는 일, 8) 궁핍한 자와 병자와 환난 당한 자를 위로하는 일, 9) 장로와 합력하여 치리권을 행사하는 일.

이처럼 목회자에게 요구되는 사역은 어느 하나 소홀히 할 수 없으며, 가볍게 여길 수 있는 것이 하나도 없다. 그중 목회자에게 요구되는 대표적인 사역이 하나님 말씀으로 교훈하고 강도하는 일, 바로 설교다. 이런 의미에서 목회자는 곧 설교자다.

목회자인 설교자는 하나님 말씀을 바르게 전하고 나누고 가르치고 선포하는 사역에 헌신해야 한다. 설교 사역에 집중한 나머지 다른 사역을 소홀히 해도 괜찮다는 뜻은 아니다. 다른 일에 치여 설교 사역을 소홀히 해서는 안 된다는 뜻이다. 설교를 소홀히 하는 것은 일곱 가지 죽음에 이르는 죄[12] 가운데 하나인 '나태'이며, 더 나아가 '직무유기'이다.

19.

닫혀 있는 말씀을 열어젖히는 신학자

설교의 기초는 하나님 말씀인 성경이다. 설교의 시작과 끝은 성경이다. 일반적으로 말할 때 설교란 하나님 말씀을 청중에게 전하는 사역,[13] 즉 하나님 말씀인 성경을 풀어서 설명하는 사역이다.

존 스토트 표현에 따르면, 성경은 '영감'되었다. 성경이 영감되었다는 말은 '닫혀 있다'는 뜻이고, 설교는 영감된 본문, 즉 닫혀 있는 본문을 열어젖히는 사역이다.[14]

그리스도 중심의 설교자라 불리는 브라이언 채플(Bryan Chapell)은 설교자의 소명과 사명을 '하나님 말씀이 의미하는 바를 하나님의 백성에게 설명하는 일'이라고 했다.[15] 브라이언 채플의 주장 역시 하나님 말씀이 닫혀 있다는 뜻이다.

팀 켈러도 다르지 않다. 그는 권위 있는 본문을 지혜롭게 다루어 성경적으로 설교하는 것이 좋은 설교라고 했다. 성경 말씀을 문맥과 역사 시대 배경과 전체 성경의 맥락 안에서 선명하게 밝히는 것이 좋은 설교라고 정의한다.[16]

◆

12) 죽음에 이르는 7가지 죄(The Seven Deadly Sins)란 기독교 역사 속에서 1,500년 이상 전해 내려온 일곱 대죄를 말한다. 일곱 가지 대죄의 목록은 다음과 같다. 교만, 시기, 분노, 나태, 탐욕, 탐식, 정욕. 근래에는 허영을 포함하기도 한다. 신원하, 죽음에 이르는 7가지 죄(서울: IVP, 2019), 13.
13) 정용섭, 설교란 무엇인가(서울: 홍성사, 2011), 11.
14) John R. W. Stott et al., 성경적인 설교와 설교자(The Art and Craft of Biblical Preaching), Haddon Robinson 편, 전의우 외(서울: 두란노, 2009) 19.
15) Bryan Chapell, 그리스도 중심의 설교(Christ Centered Preaching), 엄성옥 역(서울: 은성출판사, 2016), 31.

케빈 벤후저(Kevin J. Vanhoozer)와 오웬 스트레헌(Owen Strachan)은 공저 『목회자란 무엇인가』(The Pastor as Public Theologian)에서 설교자로서 목회자는 성도를 믿음 안에서 든든히 서게 하며, 온전하게 세우기 위해 신학자가 되어야 한다고 주장한다. 설교자가 신학자가 되지 않으면 신학의 부재로 인해 교회가 표류한다고 했다.[17]

설교자의 신학 부재를 언급한 류호준 교수는 한국 교회 설교자들이 성경을 체계적으로 공부하고, 학습하는 훈련을 몸에 붙여야 하며, 규칙적이고 정교하게 성경을 연구해야 한다고 말한다.[18]

설교자는 신학자가 되어야 한다. 영감된 하나님 말씀, 닫혀 있는 하나님 말씀을 열어젖히기 위해, 말씀의 참된 의미를 찾아내고 보이기 위해, 하나님 말씀을 바르게 전하고 나누고 가르치고 선포하기 위해 설교자는 성경 본문에 천착하는 신학자의 자세를 부지런히 훈련해야 한다.

이런 맥락에서 설교자에게 신학은 선택이 아니라 필수다. 하나님 말씀을 대언하고 하나님 말씀을 밝히 보여주기 위해, 하나님께서 맡기신 양 떼를 하나님 말씀으로 먹이고 치고 돌보기 위해 설교자는 본문의 의미를 찾아내는데 천착하는 신학자, 성경의 의미를 깊이 묵상하고 찾아내는 신학자가 되어야 한다. 쉽지 않다. 아니, 어렵다. 어려운 일이기 때문에 더욱 가치 있는 일이라는 사실을 기억하자.

◆

16) Timothy Keller, 팀 켈러의 설교(Preaching), 채경락 역(서울: 두란노, 2016), 35.
17) Kevin J. Vanhoozer, Owen Strachan, 목회자란 무엇인가(The Pastor as Public Theologian), 박세혁 역(서울: 포이에마, 2016), 39.
18) 류호준, 교회에게 하고픈 말(서울: 두란노, 2020), 138.

20.

조용히 재빠르게, 침착한 작살꾼

목회자의 목회자로 불리는 유진 피터슨(Eugene H. Peterson)은 허먼 멜빌(Herman Melville)의 『모비 딕』에 나오는 작살꾼 이야기를 들려준다.

포경선에서 작살꾼은 늘 느긋하다. 다른 사람이 여러 가지 일로 분주할 때 작살꾼은 한쪽 구석에 앉아 따뜻한 햇볕을 쬐며 작살을 만지작거린다. 그는 노를 잡지도 않고 땀을 흘리지도 않고 고함도 치지 않는다. 서로 부딪히고 욕설이 오가는 가운데서도 그는 나른하게 앉아 있다. 그는 앉아서 기다리고 있다. 천하태평이다. 다른 사람은 안중에 없는 듯하다.

유진 피터슨은 그 다음 문장에 주목하라고 요청한다. '작살을 가장 효율적으로 던지려면 이 세상의 작살꾼은 애쓰지 말고 나태하게 있다가 재빨리 일어서야 한다.' 포경선에 작살을 꽂을 사람이 없다면 고래를 향한 추적은 제대로 끝을 맺을 수 없다. 혹은 작살을 꽂을 사람이 자신의 임무는 제쳐놓고 노를 젓느라 지쳐 있다면, 창을 던져야 할 때 정확하게 던지지 못할 것이다. [19)]

작살꾼은 창을 던져야 할 때 제대로 창을 던져야 한다. 다른 일에 바빠 작살을 던지지 못하거나 다른 일에 지쳐 작살을 제때에 제대로 던지지 못했다면 포경선의 모든 일은 수포로 돌아간다.

◆

19) Eugene H. Peterson, 목회자의 영성(The Contemplative Pastor), 양혜원 역(서울: 포이에마, 2013), 44-47.

설교자는 작살꾼이다. 설교자에게 있어 가장 중요한 사역은 하나님 말씀을 수종 드는 일이다. 자신에게 주어진 사명을 제대로 감당하기 위해 목사는 일정을 조율해야 한다. 설교자는 해야 할 일을 잘 해내기 위해 하지 말아야 할 일이 무엇인지 파악하고 그 일을 다른 사람들에게 위임하거나 넘겨주어야 한다.

유진 피터슨은 안타깝게도(?) 한국 상황에서 목회하지 않았다. 새벽기도, 수요예배, 금요 철야, 주일 오전, 주일 오후 예배 시간을 도맡아 설교하지 않았다. 개척 교회, 시골 교회, 작은 교회를 목회하는 설교자의 형편을 충분히 이해한다고 할 수는 없다.

그는 지나치게 많은 설교 사역에 허덕이는 설교자의 마음을 충분히 이해하긴 어려울 수 있다. 하지만 그 역시 한 교회(대형 교회가 아니다)의 목회자로서 목양과 설교를 병행했으며, 수많은 강의와 세미나를 인도했으며, 누구나 아는 것처럼 방대한 저술을 남겨 목회자의 목회자가 되었다. 유진 피터슨의 사역을 생각하면 누구에게도 변명의 여지가 없다.

21.

삶과 쉼의 리듬을 타는 사람

『난 빨강』, 박성우 시인의 청소년을 위한 시집 제목이다. 그 시집에 '공부 기계'라는 시가 있다. 천천히 음미하며 읽어 보자. 이 시대를 살아가는 청소년의 삶의 무게를 느낄 수 있다.

알람 시계가 울린다.
공부 기계가 깜빡깜빡 켜진다.

아침을 먹는 둥 마는 둥
졸린 공부 기계는
책가방을 메고 학교로 간다.

공부 기계는 기계답게
기계처럼 이어지는 수업을
기계처럼 듣는다.

쉬는 시간엔 충전을 위해
책상에 엎드려 잠시 꺼진다.

보충수업을 기계처럼 듣고
학원수업을 기계처럼 듣고
공부 기계는 기계처럼 집으로 간다.

늦은 밤 돌아온 공부 기계는
종일 가동한 기계를 점검하다,

고장 난 기계처럼 껌뻑껌뻑 꺼진다. [20]

이 시는 입시 지옥에 시달리는 학생들의 애환을 담았다. 설교자에게 접목하고 싶다. 한국 교회 현실을 보면 설교자는 설교 기계처럼 보인다. 몇몇 단어를 바꾸어 보았다. 이 시대를 살아가는 설교자의 삶의 무게를 느낄 수 있을 것이다.

알람 시계가 울린다.
설교 기계가 깜빡깜빡 켜진다.

아침을 먹는 둥 마는 둥
졸린 설교 기계는
가방을 메고 목양실로 간다.

설교 기계는 기계답게
모든 일에서 설교 꺼리를 찾는다.
쉬는 시간엔 충전을 위해
책상에 엎드려 잠시 꺼진다.

성경을 기계처럼 읽고
경건 서적을 기계처럼 읽고
설교 기계는 기계처럼 집으로 간다.

◆
20) 박성우, 난 빨강(서울: 창비, 2016), 48-49.

늦은 밤 돌아온 설교 기계는
종일 가동한 기계를 점검하다,

고장 난 기계처럼 껌뻑껌뻑 꺼진다.

이런 패러디를 과장되게 느낄 수 있겠지만 한편으로는 정확하다는
생각이 든다. 설교자는 설교 기계가 아니다. 삶의 모든 순간을 설교에
초점을 맞추어야 하는 것도 아니다. 설교자는 사람이다. 같은 시집에
'학교가 우리에게'라는 시가 있다. 읽어 보자.

수십 년,
매일 밤늦게까지 깜빡거리는 게 지겹다.
아침 일찍 졸린 눈 비비는 것도 지겹다.
심지어 방학도 며칠 못 쉬어서
주저앉을 지경이다. 폭삭 무너질 지경이다.

선생님아 학생아
이젠 제발, 나도 좀 쉬자. [21]

이 시 역시 설교자에게 대입해 보고 싶다.

◆
21) Ibid., 58.

수십 년,

매일 밤늦게까지 깜빡거리는 게 지겹다.
아침 일찍 졸린 눈 비비는 것도 지겹다.

심지어 휴가 때도 며칠 못 쉬어서
주저앉을 지경이다. 폭삭 무너질 지경이다.

교회야, 성도들아
이젠 제발, 나도 좀 쉬자.

한편 억지스럽고 내심 씁쓸하다. 설교자는 쉼이 필요하다. 예수께서
도 제자들에게 이렇게 말씀하셨다. "너희는 따로 한적한 곳에 가서 잠깐
쉬어라"[22] 너무나 아름다운 말씀이다.

예수께서는 수많은 설교에 지친 설교자에게 말씀하신다. "따로 한적
한 곳으로 가서 함께 좀 쉬자" 설교의 영광과 설교의 무게에 눌린 이 땅
을 살아가는 모든 설교자는 예수께서 들려주시는 이 말씀에 귀 기울여
야 한다.

◆

22) 마가복음 6:31. 공동번역에서는 "따로 한적한 곳으로 가서 함께 좀 쉬자."로, 현대인의 성경에서는 '외
딴 곳으로 같이 가서 잠시 쉬도록 하자.'로 번역하여 예수께서 제자들과 함께 쉬셨다고 말한다. 바른
성경은 개역개정과 같은 의미로 "너희는 따로 외딴 곳으로 가서 잠깐 쉬어라."로 번역했고, 새번역에
서는 "너희는 따로 외딴 곳으로 와서, 좀 쉬어라."로 이미 예수께서 외딴 곳에 먼저 와 계신 것처럼 번
역했다. 요점은 명확하다. 제자들이 인식하지 못했지만 예수께서는 제자들에게 쉼이 필요하다는 것
을 아셨고, 안식으로 초대하셨다.

목회 사역은 마라톤이다. 설교자로서 목회자, 목회자로서 설교자는 일과 안식의 리듬을 창조하신 하나님을 본받아 일과 쉼의 리듬을 타야 한다. 설교자는 일정한 리듬을 따라 쉼을 누리고 즐겨야 한다.

안식의 리듬을 창조하신 하나님을 본받는 설교자, 일정한 리듬을 따라 쉼을 누리고 즐기는 설교자가 되기 위한 훈련의 첫 번째 장소는 바로 가정이다. 설교자가 가정에서까지 설교자나 목회자로 살 필요는 없다. 남편, 아빠, 가장으로 충분하지 않을까.

언젠가 아내가 말했다. "여보, 성도처럼 대해 주면 좋겠어요." 언제나 살갑게, 따뜻하게, 오래 참으면서, 결코 화내거나 짜증내지 않고 자신을 대하길 바라는 아내의 마음이었을 것이다. 아내가 행복하길 그 누구보다 바란다. 그렇다고 아내를 성도처럼 대할 수는 없다. 아내이지 않는가.

나도 아내에게 원하는 바가 있다. 설교자나 목회자로 보지 말고, 부족한 구석이 많은 남편, 가장, 아빠로 대하면 좋겠다. 가정에서도 목회자와 설교자로 살 수 없으니까. 일과 쉼의 리듬을 가정에서 실천하고 지켜야 하니까.

22.
물러나야 할 때를 아는 사람 (1)

홈런왕 이승엽 선수의 은퇴식. 뚜벅뚜벅 마운드로 올라간 이승엽은 그곳에 모인 수많은 팬들과 함께 그의 지난날 영상을 보았다. 은퇴 소감을 밝히면서 끝내 눈물을 쏟았다. 야구선수로서, 국가대표로서 그의 인생을 쏟아부었던 야구 경기장에서 마지막 순간을 팬들과 함께하며 정말 뜨거운 눈물을 흘렸다.

설교자로서 목회자의 은퇴는 어떨까? 설교자는 일평생, 말 그대로 평생 동안 설교자의 마운드인 강단에서 진액을 쏟아낸다. 설교때문에 울고 웃는다. 자신의 삶이 담긴 자리, 진액을 쏟아낸 자리, 눈물과 웃음이 밴 곳에 마지막으로 오르고 영영 내려온다.

은퇴 자리에서 지난날 설교자의 영상을 보면서 성도들과 함께 추억하게 될까? 그런 영광스러운 일이 없더라도 설교자의 머릿속에서 지난날이 주마등처럼 지나가겠지. 끝내 눈물을, 뜨거운 눈물을 쏟을지도 모른다. 수십 년 영적 아버지와 어머니 역할을 한 설교자를 떠나보내는 성도들도 눈물을 삼킬 것이다. 뜨거운 눈물을 쏟으며 은퇴하고, 눈물을 삼키며 떠나보낸다면 더없이 영광스러운 은퇴의 자리이지 않겠는가.

은퇴한 이후도 그렇게 살아갈 것이다. 강단에 오르지 않고, 함께 말씀을 나눌 청중이 없고, 더 이상 설교 준비를 하지 않아서 낯설고 홀가분할 수도 있다. 아니면 둘이 뒤섞인 상태일 것이다.

박찬호, 이승엽, 박지성 등 전설적인 선수들은 그렇지 못한 평범한 선수들과는 비교할 수 없을 만큼 영광스럽고, 주목받고, 부러운 은퇴식을 치른다. 대형 교회 목회자는 시골 교회, 개척교회, 상가 교회 목회자와는 비교할 수 없을 만큼 주목받는 은퇴식을 치른다. 부러울 수 있다. 그렇다고 기죽을 필요도 없고, 비교할 필요도 없다. 하나님께서 착하고 충성된 종이라 칭찬하신다면 그보다 더한 영광은 없으니 말이다.

23.
물러나야 할 때를 아는 사람 (2)

운동선수들은 언제 은퇴할까? 더 이상 경쟁할 수 없을 때다. 체력이 떨어지고, 민첩성이 떨어지고, 순발력이 떨어지고, 자주 부상을 당하거나, 부상이 길어질 때 은퇴를 결정한다. 모든 축구 선수들에게 넘사벽과 같은 리오넬 메시도 세월의 무게를 이기지 못할 것이다.

축구계의 신처럼 추앙받는 메시라고 해도 때가 되면 체력이 떨어지고, 민첩성이 떨어지며, 순발력이 떨어질 것이다. 자주 부상을 당하거나 부상이 길어질 것이고, 결국 경쟁에 밀려 은퇴할 것이다. 팬으로서 나는 메시가 영광스럽게 은퇴하길 고대했다. 그러나 그는 어쩔 수 없이 FC 바르셀로나를 떠나 파리 생제르망으로 이적했다. 그가 다시 바르셀로나로 돌아와 은퇴식을 하기를 기대하고 있다.

설교자는 언제 은퇴해야 할까? 경쟁에서 밀릴 때? 음, 이건 말이 안된다. 체력이 떨어지고, 민첩성이 떨어지며, 순발력이 떨어질 때? 이것도 말이 안 된다. 부상을 자주 당하거나, 부상 기간이 길어질 때? 이 역시 말이 안 된다.

그렇다면 설교자는 언제 마운드에서 피치(Pitch)를 내려놓아야 하는 걸까? 열정이 사라질 때가 아닐까. 만사가 귀찮아질 때 하나님 말씀을 향한 열정, 교회를 향한 열정, 세상을 향한 열정, 사람을 향한 열정이 사라질 때가 아닐까.

마지못해 강단(Pulpit)에 오르는 자신을 발견한다면 미련을 버리고 내려와야 하지 않을까. 그것이 하나님 말씀과 자신과 성도를 향한 설교자의 마지막 경의와 존중의 태도가 아닐까 싶다. 반대의 경우도 있다. 열정이 사그라지기는커녕 오히려 활활 타오르는 분들도 있다. 그렇다면 은퇴 연령에 맞추어 미련 없이 설교단에서 내려오면 될 것이다. 나와 같은 후학과 제자를 위해서.

흉내 내기

거부감에서 시작한 여정은 흉내 내기로 이어졌다. 군복무 때였다. 갑자기 나를 찾은 군목 장교 앞으로 다가가자 빙긋이 웃더니 한마디 하셨다. "나, 다음 주간 휴가 간다."

잘 다녀오시라고 했다. 나랑 무슨 상관일까? 책 몇 권 건네더니 느닷없이 다음주 설교를 하라신다. 그것이 나를 부른 이유였다. "군종병이 있지 않습니까?" 당시 나는 연대 본부 통신 중대 서무병이었다. "걔는 이등병이라서 안 돼, 지 병장이 해. 방금 준 책들 설교집이야. 읽어 보고 그중에 골라서 똑같이 하면 된다."

서둘러 설교집을 읽었고 맘에 와 닿은 설교문 하나를 골랐다. 군목 장교가 말한 대로 그대로 하면 된다고 생각했다. 이럴 수가! 뜻대로 안 된다. 설교문을 몇 번 읽었지만 결국 내 언어로 바꿔야 했다.

주일이다. 연대장 내외가 맨 앞자리에 앉아 계셨다. 작전 장교를 포함한 연대 본부 장교들도 자리를 채웠다. 하사관과 수십 명의 사병

들도 있었다. 심지어 외부인도 몇몇 눈에 띄었다. 누구 설교였는지, 설교집 제목이 무엇이었는지 그때 무슨 설교를 했는지 기억나지 않는다. 그저 설교를 했다는 것과 남의 설교 흉내 냈다는 것만이 또렷하다.

군목 장교가 휴가에서 복귀한 후 나를 불렀다. 무슨 설교를 했는지 물었다. 어느 책에서 어느 설교로 했다고 하자, 수고했다는 말과 챙겨 온 간식을 주셨다.

나는 돌아 나오면서 한마디 던졌다. "책대로 하면 된다고 하셨는데 말입니다. 목사님은 책대로 되십니까?" 목사님은 아무런 대답도 하지 않았다. 가능하다는 건지, 가능하지 않다는 건지 지금도 헷갈린다.

나의 경험에 따르면 흉내 내기란 베끼는 것이 아니라 중심 아이디어를 빌려와 나의 언어로 바꾸어 내는 일이다. 어설픈 흉내 내기였지만 흉내 내기는 나의 설교 여정에 빼놓을 수 없는 공간을 차지한다.

설교자와 신학하기

설교 기초는 하나님 말씀인 성경이다. 설교의 시작과 끝은 성경이다. 한마디로 설교는 성경에 이끌려야 한다. 본문과 상관없는 설교는 엄밀한 의미에서 설교라고 말하기 어렵다.

성경에 이끌리지 않는 설교, 본문과 상관없는 설교는 일종의 강연에 지나지 않는다. 엄밀한 의미에서 본문에 이끌리지 않는 설교는 설교가 아니라면, 설교가 본문에 이끌려야 한다는 말의 의미를 분명히 해야 한다.

일반적으로 설교란 하나님 말씀을 청중에게 전하는 일이다.[23] 구체적으로 들여다본다면, 본문에 이끌리는 설교란 성경 정보만 전달하는 설교가 아니다. 설교는 그 이상으로 나아가야 한다.

본문에 이끌리는 설교란 본문의 역사 배경과 문학 장르, 청중을 향

---

23) 정용섭, 설교자란 무엇인가, 11.

한 기자의 의도를 찾아내어 본문의 의미를 밝히 드러내며, 청중에게 적실하게 적용한다는 뜻이다. 따라서 성경적인 설교란 권위 있는 하나님 말씀인 성경을 풀어서 설명하는 과업이라고 할 수 있다. 성경은 권위 있는 하나님 말씀임과 동시에 계시된 말씀이다.

존 스토트는 성경은 영감되었으며, 영감되었다는 말은 닫혀졌다는 뜻을 포함한다고 주장한다. 결국 성경을 강해하는 것은 영감된 본문을 열어젖히는 일이라고 말한다.[24] 성경적인 설교는 하나님 말씀인 성경을 바르게 해석하여 오늘을 살아가는 청중에게 열어 보여주는 일이라는 말이다.

브라이언 채플은 설교자의 소명과 사명을 '하나님 말씀이 의미하는 바를 하나님의 백성에게 설명하는 일'이라고 했다.[25] 브라이언 채플의 주장 역시 하나님 말씀이 닫혀 있다는 의미를 포함한다. 이런 맥락에서 볼 때 설교는 닫혀진 본문을 열어서 보여주는 사역이라는 것을 알 수 있다.

팀 켈러 역시 이와 비슷한 맥락에서 설교에 대한 자신의 생각을 피력한다. 그는 권위 있는 본문을 지혜롭게 다루어 성경적으로 설교하는 것이 좋은 설교이며, 성경 말씀을 문맥과 역사적인 시대 배경과 전체 성경의 맥락 안에서 선명하게 다루면서 말씀을 섬기는 사역을 설교라고 부른다.[26]

---

24) John R. W. Stott et al., 성경적인 설교와 설교자(The Art and Craft of Biblical Preaching), Haddon Robinson 편, 전의우 외(서울: 두란노, 2009), 19.
25) Bryan Chapell, 그리스도 중심의 설교, 31.
26) Timothy Keller, 팀 켈러의 설교, 35.

따라서 설교는 하나님 말씀을 선포하고 하나님 말씀을 밝히 드러내는 일이다. 본문에서 하나님의 마음을 이해하고 본문 의미를 정확하게 밝히고 드러내기 위해 설교자는 성경에 흠뻑 젖어들어야 한다. 설교자가 먼저 성경 본문을 붙잡고 깊이 생각해야 하며, 성경의 의미를 찾아내야 하며, 개인적으로 씨름해야 한다.[27]

설교자가 성경 본문에 흠뻑 젖어들어야 하는 일에 관해 강조하면서 도날드 수누키안(Donald R. Sunukjian)은 저서 『성경적 설교의 초대』(Invitation to Biblical Preaching)에서 이렇게 말한다. "설교자의 첫 번째, 그리고 가장 근본적인 단계는 성경 본문을 철저히 연구하는 것이다. 여러 시간을 들여 읽고, 노트하고, 할 수 있는 모든 것을 배워서, 당신의 입으로 실재적이고 정확하게 그리고 확신 있게 '하나님이 하시는 말씀을 보라'고 말할 수 있게 하라."[28]

유진 피터슨은 침착한 작살꾼의 비유를 통해 목회자는 작살 꽂는 사람이라고 말한다. 고래잡이배에서 작살꾼은 결정적일 때 정확하게 제대로 작살을 던져야 한다. 작살을 꽂을 사람이 자신의 임무는 제쳐 놓고 노를 젓느라 지쳐 있다면, 창을 던져야 할 때 제대로 정확하게 창을 던질 수 없다고 말한다.

목회자가 성경에 깊이 젖어 있고, 성경을 연구하며, 성경의 의미를 찾아내고, 찾아낸 의미를 청중에게 적실하게 전하지 못하는 것은 다른 일에 분주해서 정작 작살을 던져야 할 때 던지지 못하는 것과 같다

◆

27) Eugene Peterson, 목회자의 영성(The Contemplative Pastor), 양혜원 역(서울: 포이에마, 2012), 40.
28) Donald R. Sunukjian, 성경적 설교의 초대(Invitation to Biblical Preaching), 채경락 역(서울: CLC, 2012), 32.

고 말한다.

이런 의미에서 설교자에게 신학은 선택이 아니라 필수다. 하나님 말씀을 대언하고 하나님 말씀을 밝히 보여주기 위해 신학자가 되어야 한다. 바로 이 부분에서 한국 교회 강단의 문제점이 대두된다.

박영돈 교수는 한국 교회의 심각한 문제가 신학의 부재에 있다고 말한다. 올바른 교회관이 없는 목회자로 인해 주먹구구식의 교회가 세워지고 있으며, 성화론에 대한 신학의 부재로 인해 은혜와 책임을 조화롭게 연결시키지 못한 설교가 만연할 수밖에 없다고 말한다. 심지어 강단에서 복음의 핵심인 구원의 진리조차 제대로 전파되지 않고 있으며, 은혜와 책임을 조화롭게 연결시키지 못한 채 한쪽으로 치우쳐 도덕적 설교나 율법적 설교 또는 값싼 은혜를 전하는 설교가 만연하다고 진단한다. 신학 부재로 인해 설교가 빈약해진 셈이다.[29]

케빈 벤후저와 오웬 스트레헌은 설교자로서 목회자는 성도들을 온전하게 하려면 신학자가 되어야 한다고 주장한다. 하지만 목회자의 신학 부재로 인해 교회가 표류하고 있다고 말한다.[30] 본문 안으로 깊이 들어가 본문의 의미를 발견하고, 발견한 의미를 설교하는 일의 중요성은 아무리 강조해도 지나치지 않다.

마이클 퀵(Michael J. Quicke)은 설교에서 성경의 능력을 강조하면서 이렇게 말한다. "설교자는 성경 안에서 그리고 그리스도 안에서와 성령의 능력으로 자신을 계시하시며, 자기 백성과 관계를 맺으시는 하

---

29) 박영돈, 일그러진 한국 교회의 얼굴(서울: IVP, 2013), 128.
30) Kevin J. Vanhoozer, Owen Strachan, 목회자란 무엇인가, 39.

나님의 인도를 받아 성경 본문 안으로 들어가서 먼저 본문의 세계 안에 거하고 본문의 능력을 따라 설교하는 법을 익혀야 한다."[31]

서구 신학자와 목회자들뿐 아니라 한국 신학자와 목회자들도 설교자는 신학자가 되어야 한다고 주장한다. 하나님 말씀을 바르게 섬기기 위해, 하나님 말씀을 바르게 전하고 선포하기 위해 설교자는 성경 본문에 천착하는 자세를 끝없이 훈련해야 한다.

동·서양의 신학자들이 공통적으로 지적한 것처럼 설교자들이 본문의 의미를 정확하게 찾아내지 못하고, 바르게 전달하지 못했다는 문제에 있어 한국 교회 강단도 예외가 아니다. 한국 교회 강단을 지키고 있는 설교자 역시 신학자가 되어야 한다.

한국 교회 설교와 신학의 분리에 대해 문상기는 이렇게 말한다. "한국 교회 설교의 비성경적 현상은 설교와 신학의 분리 구도에서 기인한다. 신학은 다양하게 발전을 거듭하고 있지만 교회와의 접촉점을 가지지 못함으로 인하여 설교는 성경과 무관한 것으로 비쳐지고, 다만 매력적이며 심미적인 내용을 추구하거나 때로는 설교자 자신의 카리스마를 분출하는 통로로 이용되고 있다."[32]

설교자의 신학이 사라지면서 한국 교회 강단에서 정보전달식 설교가 난무하고 있다. 강해설교라는 미명 아래 한 단어 한 단어 또는 한 절 한 절씩 푸는 설교가 횡횡한다. 신학, 문학, 역사, 문자적 배경을

◆

31) Michael J. Quicke, 전방위 설교, 97.
32) 문상기, "성경적 설교로서의 강해설교", 설교한국, Vol. 01(서울: 한국 설교 학회, 2009), 53.

연구해서 본문의 의미를 찾아내기보다는 단어의 의미를 찾아내거나 본문을 한 절 한 절 푸는 방식으로 설교하는 경향이 두드러지게 나타난다.

설교자가 성경의 참된 정신과 의미를 찾아내고 메시지로 만들어 설교하는 것이 아니라 성경 정보를 전달하는 설교가 한국 교회 강단을 채우고 있다. 일차적으로 목회자들이나 성도들이 성경을 한 절 한 절 푸는 방식, 또는 단어에 집중해서 푸는 설교를 강해설교라고 오해하기 때문에 빚어지는 현상이다.

류응렬 목사(워싱턴중앙장로교회)는 한국 교회에 만연한 강해설교에 대한 오해를 다음과 같이 정리했다. '강해설교란 성경의 한 구절 한 구절을 세밀하게 설명하는 절별 설교라는 주장이다. 뛰어난 설교는 때로 중요한 구절을 세밀하게 설명해야 할 때도 있지만, 본문이 주어진 전체의 주제와 연결되지 못한 채 각 절의 뜻풀이를 하는 것은 강해설교의 기본 정신과 맞지 않다. 특히 구약을 설교할 때 이야기의 흐름을 무시하고 한 절씩 독립적으로 주해하는 것은 설교라기보다 주석에 가깝다.'

류응렬이 정리한 것처럼 한 단어, 한 구절, 한 문장을 깊이 연구하는 것은 강해설교의 바탕이 되는 본문 전체의 주제를 찾기 위해 필요한 단계이다.[33] 류응렬은 모든 설교가 강해설교여야 한다고 말한다.

여기서 말하는 강해설교란 본문의 참된 의미를 찾아내고, 본문에서 찾아낸 의미를 오늘을 살아가는 청중에게 적실하게 선포하고 전

33) 류응렬, '강해 설교의 아버지' 해돈 로빈슨의 설교신학, 신학지남 74(신학지남사, 2007), 228-229.

달한다는 뜻이다. 따라서 한 단어 한 단어에 집착하거나, 한 절 한 절 풀어나가는 것이 강해설교라고 할 수 없다. 먼저 숲을 보고 그 후에야 비로소 나무를 보는 것이 바른 순서이다.[34]

안타깝게도 한국 교회와 설교자들에게 강해설교에 대한 오해가 널리 퍼져있다 보니 성경 정보를 전달하는 식의 설교가 강단을 채우고 있는 실정이다. 특정 단어나 구절이 그 자체로서 설교의 목적이 될 수는 없고 되어서도 안 된다. 설교자들이 비록 본문에서 특수한 단어를 다루기도 하고, 조사하기도 하지만 단어나 구절 자체가 목적이 되어서는 안 된다.

성경을 읽을 때 각 단어의 의미 하나하나에 주된 관심을 기울이기 보다는, 성경 기자가 이러한 단어들을 사용하여 의미한 바가 무엇인가를 찾아내는데 노력을 쏟아야 한다. 각 단어들을 개별적으로 분석해서는 문장 전체의 개념을 파악할 수 없다. 단어 하나하나를 분석하는 것은 마치 사전을 읽는 것처럼 무의미하고 지루한 작업이다.[35]

해돈 로빈슨(Haddon W. Rovinson)은 그의 저서에서 강해설교의 의미를 다음과 같이 밝힌다. "강해설교란 성경 본문의 배경에 관련하여 역사적, 문법적, 문자적, 신학적으로 연구하여 발굴하고 알아낸 성경적 개념, 즉 하나님의 생각을 전달하는 것으로서, 성령께서 그 개념을 우선 설교자의 인격과 경험에 적용하시며, 설교자를 통하여 다시 청중

---

34) 류응렬, "성경적 설교와 전달"(강의, Fuller Theological Seminary, Spring 2017).
35) Haddon W. Rovinson, 강해설교(Biblical Preaching), 박영호 역(서울: CLC, 2016), 23.

에게 적용하시는 것이다."[36]

강해설교의 아버지라 불리는 해돈 로빈슨에 따르면, 한 단어나 한 절의 의미를 찾아내는 것은 강해설교가 아니라 사전을 읽는 작업과 다르지 않다. 하나의 초점이 설교 전체를 이끌어가는 설교, 본문의 핵심을 단순화하고 명확하게 하는 설교, 본문의 의미를 충실하게 담아내는 설교가 아니라 정보를 나열하거나 전달하지 못하는 나열식 설교는 성경적인 설교라고 할 수 없다. 거칠게 표현한다면 설교라고 말하기도 어렵다.[37]

한국 교회 강단에서는 이 같은 정보 전달식 설교가 많은 자리를 차지한다. 설교자의 신학 부재가 그 원인이다. '설교자는 신학자'라는 진술과 같이 하나님 말씀을 바로 전하기 위해서 설교자는 강해설교 또는 성경적 설교에 대한 바른 이해가 필요하다.

하나님 말씀을 바르게 전하고 선포하고 가르치기 위해 설교자는 반드시 본문의 의미를 찾아내는데 천착해야 한다. 본문을 깊이 묵상해야 본문에 충실한 설교가 가능하기 때문이다.

데이비드 고든(T. David Gordon)은 자신이 25년간 들었던 설교 중 요점이 분명한 설교는 15% 정도이며, 본문에 충실한 설교는 10% 미만이라고 말한다. 그는 많은 목회자가 성경 본문의 의미를 정확하게 발견하지 못하기 때문에 하나님의 의견을 제시하지 못하며, 목사의 견해만 피력하거나, 종종 목사의 견해마저 명확하게 밝히지 못한다고

36) Ibid., 23.
37) Michael Quicke, 전방위 설교, 287.

했다.

고든의 분석은 북미에 해당하지만 북미 교회와 많은 교류를 가지고 있는 한국 교회의 실정도 이와 크게 다르지 않다는 것을 짐작할 수 있다.[38] 설교자는 반드시 성경의 의미를 깊이 묵상하고 찾아내는 신학자가 되어야 한다. 그때 비로소 본문의 의미를 충실하게 드러내는 분명한 설교가 가능하다.

한국 교회 설교 비판으로 유명한 정용섭 교수는 설교자와 성경 텍스트의 소통이 활발히 일어나야 하며, 본문이 설교자에게 말을 거는 경험이 반드시 있어야 한다고 주장한다.

정용섭은 설교자가 성서의 계시를 듣지 못하면서 하나님 말씀을 전할 수 없다고 했다. 마치 언어가 말을 거는 경험을 하지 못한 시인이 시를 쓸 수 없는 것과 마찬가지라고 했다. 생명의 신비에 대한 역사적 경험을 켜켜이 간직하고 있는 성서 텍스트와의 진정한 만남이 없는 설교자의 설교가 청중의 영혼에 공명을 일으킬 수 없다는 것이다. 문제의 핵심은 청중이 아니라 설교자와 성서 텍스트의 소통이자 만남이라고 말한다.[39]

류응렬은 조직신학자 정용섭의 설교비평에 한계가 있음을 지적하면서도 한국 교회 설교자들이 본문을 제대로 다루지 않거나 설교에 대한 충분한 이해가 부족했다고 평가한다. 또한 성경적인 설교자는

38) T. David Gordon, 우리 목사님은 왜 설교를 못할까(Why Johnny. Can't Preach), 최요한 역(서울: 홍성사, 2018), 19-20.
39) 정용섭, 설교란 무엇인가, 35.

반드시 본문을 존중해야 하며, 적실성 있는 적용을 제시해야 한다고 주장하면서 정용섭의 설교비평의 한계를 분명히 한다.[40]

하지만 한국 교회 설교자들이 본문을 제대로 다루지 않거나 제멋대로 다루는 문제를 지적한 부분에 있어서는 정용섭과 노선을 같이한다. 한국 교회 설교자들이 본문을 제대로 다루지 못하고 있으며, 이는 신학의 부재로 인한 현상이라는 것이다.

설교자의 신학 부재 문제를 언급하면서 류호준은 한국 교회 설교자들이 성경을 체계적으로 공부하고, 공부하는 훈련을 몸에 붙여야 하며, 규칙적이고 정교하게 성경을 연구해야 한다고 말한다.[41] 설교자로서 일상생활에서 신학을 가다듬어 가야 한다는 말이다.

또한 성경 연구와 해석과 관련해서 류호준은 한국 교회 설교자들이 가진 문제점을 날카롭게 지적한다. "문제는 영원 안에 계시고 신비 안에 자신을 감추시면서 때론 칠흑 같은 흑암 속에서, 때론 지진과 빽빽한 구름 속에서, 때론 광풍 가운데서, 때론 풍랑과 폭풍우 속에서, 때론 일상 속에서, 때론 무한대의 천체 속에서, 때론 끝없는 사막 한가운데서 자신을 드러내시는 하나님을 보여주고 만나게 해 주는 그 책인 성경에 의해 설교자가 먼저 소스라치는 일도, 등골이 오싹해지는 경험도, 넋을 잃는 감정도, 오금이 저려오는 떨림도, 번민하고 갈등하는 심정도, 고개를 갸우뚱하는 의심도 가져보지 못했다는 데 있습니다."[42] 설교자에게 가장 기본적인 신학의 부재가 한국 교회 설교자들

40) 류응렬, '한국 교회 설교비평의 분석과 평가 그리고 제언', 기독교사상 51(대한기독교서회, 2007), 194-195.
41) 류호준, 교회에게 하고픈 말(서울: 두란노, 2020), 138.

의 가장 큰 문제라고 일갈한다.

한국 교회 설교자에게는 신학의 부재 현상이 두드러지게 나타나며, 그 결과 한국 교회 강단에서는 본문의 의미를 정확히 밝혀 청중에게 적실한 설교가 울려 퍼지기보다 성경 정보를 전달하는 설교가 많은 부분을 차지하고 있다. 신학이 없는 정보 전달식의 설교는 현대 청중을 깨우는 이벤트 설교가 될 수 없다. 설교는 하나님 말씀에서 시작해야 한다.

◆
42) Ibid., 135-136.

Part 03

어떻게 성장하나,
어떻게 깊어지나?

성장은 고통과 노력, 희생과 땀을 요구한다. 고통 없는 성장은 없다. 오죽하면 성장통이라는 말이 있을까. 설교도 다르지 않다. 설교자는 태어난다고 한다. 맞는 말이다. 동시에 설교자는 빚어지고 만들어진다. 수고와 헌신, 희생과 땀을 대가로 설교자는 자라고 또 자란다. 문제가 있다. 회귀 본능이다. 성장하기 위해 수고와 노력, 희생과 땀 흘리기를 멈추는 순간 원래 자리로 돌아가려는 성향이 생긴다. 설교자는 수시로 자신을 점검하고 자신의 설교를 점검해야 한다. - 87쪽 중에서

24.

속독이 아니라 정독

성경은 몇 년 전 쓴 글이 아니다. 문화가 다르고 시대가 다르고 지역도 다른 곳에서 각기 다양한 사람에 의해 기록되었다. 성경 해석이 필수인 이유다. 바른 해석 없이 바른 설교는 불가능하다. 바른 해석에서 청중을 사로잡는 설교는 탄생한다.

성경 언어를 바르고 깊이 이해하고 해석하기 위해, 청중을 사로잡는 설교의 바탕인 바른 성경 해석을 위해 속독이 아니라 정독이 필수다. 문학 장르에 따라 텍스트를 읽어내고 천천히 음미하며 정독할 때 비로소 성경이 건네는 음성을 들을 수 있다. 정독을 통해 성경이 건네는 음성을 들을 때 비로소 청중을 사로잡는 설교, 깊은 설교의 길이 열린다.

25.

평가 기준 따라가기

설교를 평가한다는 말은 그 개념 자체가 낯설다. 하나님 말씀을 평가한다는 것이나, 설교자가 전한 말씀을 평가받는다는 것도 어색하다. 무엇보다 부담스럽다. 반대로 생각해 볼 필요가 있다. 하나님 말씀을 하나님이 전하신다면 평가는 불가능하며 불필요하다.

하지만 설교자는 하나님이 아니다. 사람이다. 한계가 명확하고, 실수할 수밖에 없다. 그렇기 때문에 설교자는 하나님 말씀을 제대로 전하고 있는지 평가해야 하고 평가받아야 할 필요가 있다. 질문이 생긴다. 어떻게 설교를 평가해야 할까? 여기 몇 가지 기준이 있다.

1) 설교자는 어떻게 설교를 준비했는가?

2) 이 설교 메시지는 성경 본문과 어떻게 연결되는가? 이 메시지는 성경 본문으로부터 도출되었는가? 이 설교 메시지는 성경 본문이 말씀하고 실행하는 것을 그대로 말하고 실행하는가?

3) 설교의 핵심 효과, 즉 중심 사상, 빅 아이디어를 한 문장으로 정리 하자면?

4) 이 설교의 구조와 디자인은 어떤 방식으로 전개되는가?

5) 설교의 서론과 전체적인 편집, 예화는 효과적인가? 한마디로 이 설교가 흥미로운가?

6) 이 설교 메시지는 오늘날의 상황과 어떤 연관성이 있는가? 이 설 교는 청중의 상황과 긴밀하게 연결되는가?

7) 이 설교의 전달은 어떻게 효과적인가? 설교자의 음성과 제스처, 또는 진부한 습관은?

8) 이 설교를 통해서 나타나는 설교자의 신실성과 헌신의 증거는 무 엇인가?(설교자의 고유한 음성이나 그 밖의 다른 표지들)

9) 이 설교를 통해서 어떤 결과를 경험하였는가? 실천에 대한 요청 이나 축제 같은 기쁨이 있는가?

10) 설교자가 잘 한 장점 한 가지는?

11) 설교자가 노력해야 할 것 한 가지는?

12) 이 설교에서 당신은 무엇을 얻었는가?[43]

위 내용은 설교로 유명한 달라스신학대학원(Dallas Theological Seminary)의 평가 기준이고, 아래는 미국 월간지 〈프리칭투데이〉(Preaching Today)의 평가 기준이다.

1) 본문에 충실한가?

2) 명료한가?

3) 흥미로운가?

4) 관련성이 있는가?

5) 이 설교의 전체적인 영향력을 서술하라.

6) 설교자의 강점은?

7) 향상될 영역은?[44]

1) 이 설교가 성경 본문에 근거한 것인가?

2) 석의와 신학은 건전한가?

3) 이 설교가 성령의 기름 부으심을 받았다고 묘사할 수 있는가?

4) 처음부터 끝까지 당신의 관심을 끌었는가?

5) 이 설교가 신선한가?

6) 이 설교가 잘 구성되었으며 명료한가?

7) 이 설교가 잘 예증되었는가?

8) 이 메시지가 당신을 도전하였는가?

9) 전달이 효과적이었는가?

10) 적용은 성경 본문에 충실하며 삶에 실제적으로 관련되는가?[45]

◆
43) Michael Quicke, 전방위 설교, 391-392. 이 질문은 그의 책에 부록으로 삽입되었다.
44) 이재기, "설교비평, 가야 할 길인가?" 성침논단 5(성서침례대학원대학교, 2007), 77-78.

두 평가 기준은 어떻게 설교를 평가해야 하는가? 라는 질문에 충분한 대답이 될 것이다. 설교 평가에 대한 우리나라의 풍경은 어떨까? 정용섭은 세 권의 저서에서 설교비평을 화두로 삼았다.[46] 말도 많고 탈도 많지만 설교비평 자체를 이슈화시킨 것은 분명하다. 비평이란 말 그대로 강점과 약점을 객관적으로 평가해야 한다. 이런 측면에서 볼 때 설교는 평가되어야 할 필요가 있다.

유학 시절, 교수님과 십여 명의 동역자들이 서로 설교를 평가했다. 낯이 뜨거워지는 순간도 있었고, 마음이 불편할 때도 있었으며, 칭찬과 격려로 새로운 힘을 얻을 때도 있었다. 하면 할수록 설교가 어렵고 부담스럽다. 그래서 더욱 설교 평가가 필요하다. 설교 때문에 피를 말리던 강도사 시절, 나는 설교 피드백을 해줄 사람을 선정했다. 나름의 기준이 있었다.

1) 신앙 생활 오래 한 신실하며 지적으로 뛰어난 청년
2) 신앙 생활 오래 한 평범한 청년
3) 신앙 생활 막 시작한 지적으로 뛰어난 청년
4) 신앙 생활 막 시작한 평범한 청년

1, 2번을 통해 설교가 신선한지 새로운 통찰이 있는지를, 3번을 통해 설교가 논리적인지 동의 제청이 되는지를, 3, 4번을 통해 설교가 이해하기 쉬운지 모르는 단어나 이해하기 어려운 단어가 있는지 물었다. 다양한 수준의 청중을 상상하고 그들에게 다가가기 위한 나름의 노력이었

◆
45) 이재기, "설교비평, 가야 할 길인가?" 성침논단 5(성서침례대학원대학교, 2007), 78-79.
46) 속 빈 설교 꽉 찬 설교, 설교와 선동 사이에서, 설교의 절망과 희망 이 세 권이 정용섭의 설교비평 책이다.

다. 워낙 설교에 부담을 느껴서이기도 했다.

지금도 다르지 않다. 시간이 흘렀으면 익숙해질 법도 한데 설교는 여전히 어렵다. 그러나 요즈음 설교 피드백을 받을 곳이 없다. 나의 설교를 피드백해 줄 사람이 없다. 선임 목사 자리가 이런 불리함을 주리라곤 생각지 못했다.

담임 목사가 되면 그 누구도 설교에 대해 평가하지 않을 것 같다. 그래서 더욱 설교 평가단을 확보해야 할 것이다. 설교 평가는 녹록하지 않다. 어렵다. 평가하기도 어렵고 평가받기도 어렵다. 설교자가 평가 질문을 기억하고 설교를 준비한다면, 평가 질문을 기억하고 설교한다면 발전하지 않을 수 없을 것이다. 평가하고 평가받는 수고로움이 크다.

하지만 하나님 말씀을 전한다는 막중한 책임감과 영광스러움에 비교할 수 없다. 평가하고 평가받자. 평가를 의식하면서 준비하고 설교하자. 설교자로서 성장할 것이며, 설교는 깊어질 것이다.

26.
읽고 또 읽어라

설교자는 읽는 사람이다. 무엇을 읽는 사람일까? 가장 먼저 설교자는 하나님 말씀을 읽는 사람이다. 설교자는 사람을 읽는 사람이며, 설교자는 시대를 읽는 사람이다. 마지막으로 설교자는 다양한 책을 읽는 사람이다. 하나씩 이야기해 보자.

1) 설교자는 성경을 읽어야 한다.

두말할 것 없이 설교는 성경에서 시작한다. 성경은 시대, 언어, 문화, 지역이 다른 다양한 사람이 기록했다. 올바른 성경 해석이 요구되는 절대적인 이유이다. 성경 해석의 첫걸음은 성경을 바르고 깊게 읽는 것에서 시작한다. 문학 장르에 따라 텍스트를 읽고 천천히 음미하며 읽을 때 비로소 성경이 건네는 음성을 들을 수 있다. 깊은 독서를 통해 성경이 건네는 음성을 들을 때 깊고 탁월한 설교의 가능성이 활짝 열린다. 하나님 말씀을 잘 전하고 나누고 가르치고 선포하기 위해 설교자는 가장 먼저 성경을 깊고 바르게 읽어야 한다.

2) 설교자는 사람을 읽어야 한다.

사람을 읽는다는 말은 사람의 마음을 읽는다는 뜻이며, 사람을 더 깊이 이해해야 한다는 뜻이다. 사람의 마음을 읽고, 사람을 더 깊이 이해할 때 사람의 마음에 들리는 설교, 울림 있는 설교의 길이 열린다.

사람을 읽는다는 말에는 청중의 삶의 자리를 이해한다는 것과 필요를 읽는다는 뜻이 담겨 있다. 사람을 읽지 못하는 설교자, 사람을 이해하지 못하는 설교자는 청중과 상관없는 이야기를 장황하게 늘어놓을 수밖에 없다. 하나님 말씀을 바르게 전할 뿐 아니라 탁월하게 전하기 위해 설교자는 사람을 읽어야 한다.

3) 설교자는 시대를 읽어야 한다.

설교자 자신과 청중이 살아가는 오늘 이 시대를 읽어 내지 않으면 시대를 향한 하나님의 마음을 이해하기 어렵다. 시대를 읽어 내지 않으면

이 시대를 향한 말씀을 전할 수 없다. 시대를 읽어 내지 않으면 이 시대를 살아가는 청중의 마음에 들리는 말씀을 전하기 어렵다.

시대를 읽을 때 이 시대를 향한 하나님의 마음을 이해하고, 이 시대를 살아가는 청중의 삶을 더 깊이 읽을 수 있다. 그때 설교자는 하나님 말씀 더 힘 있고, 적실하게 전할 수 있다. 하나님 말씀을 전하는 설교자는 시대를 읽어야 한다.

4) 설교자는 다양한 책을 읽어야 한다.

폭넓고 다양한 독서는 시대를 이해하고, 청중을 이해하기 위한 가장 좋은 방법 중 하나이다. 설교자는 소설, 시, 인문학, 베스트셀러, 신문, 잡지 등 다양한 장르를 꾸준히 읽어야 한다. 언어의 우아함과 경제성. 무엇보다 상상력을 배워야 한다. 인문학을 읽으며 사람 이해의 폭과 넓이, 깊이를 더해 가야 한다. 신문과 잡지, 베스트셀러를 읽으며 시대의 흐름과 사람의 관심사를 따라잡아야 한다. 이 시대를 살아가는 청중의 가슴에 들리는 설교를 위해 설교자는 다양한 분야의 책을 읽어야 한다.

성경을 읽고, 청중을 읽고, 시대를 읽고, 다양한 책을 읽으려면 시간도 많이 들고, 비용도 많이 들며, 에너지도 많이 소모된다. 한마디로 힘든 일이다. 생각해 보자. 목회자로 살아가는 삶, 하나님 말씀의 증인이 되는 설교자로 사는 삶이 쉽다고 생각한 적은 한 번도 없을 것이다. 하나님의 부르심에 응답했던 맨 처음 순간부터 이 길이 어렵다고 생각했을 것이다.

만약 나와 같은 목사라면 목사 되지 않으려고 애썼을 것이며, 목사로

안수 받은 후에도 나는 아닌 것 같다는 생각을 수천수만 번은 족히 했을 것이다. 쉬운 길, 쉬운 삶이었다면 이런 고민을 하지 않을 것이다. 어렵기 때문에 했던 생각이다. 하나님께서 실수로 나와 같은 사람을 목사로 세우셨다고 생각하지 않는다면 설교자는 읽어야 한다. 시간을 쏟고, 돈을 쏟고, 에너지를 쏟고, 마음을 다하고 정성스럽게 읽어야 한다. 부지런히 성경을 읽고, 사람을 읽고, 시대를 읽고, 책을 읽어야 한다.

설교자는 읽는 사람이다. [47] 설교자가 읽는 사람이 될 때 덤으로 얻는 것이 있다. 책 읽는 아빠를 보면서 자녀가 책을 가까이 하고 책 읽는 사람으로 성장하는 모습이다. 대단한 성과급이다. 마지막으로 존스 홉킨스 대학교수 로버트 터커(Robert Tucker)의 독서법을 살펴보자.

1) 놀랄 만한 사건에 관한 것을 읽으라.

2) 폭넓은 독서를 하라.

3) 다른 관점으로 읽으라.

4) 좋은 것만 읽고 나쁜 것은 넘어가라.

5) 최소한 매주 한 가지 새로운 주제에 대해서 읽으라.

6) 여행하는 지역의 신문을 읽으라.

7) 회보나 경향 보고서 등을 구독하라.

8) 비소설 분야 베스트셀러를 읽으라.

9) 우편물을 읽으라. [48]

◆

47) Rick Ezell, 설교, 변하는 청중을 사로잡으라(Hitting a Moving Target), 민병남 역(서울: 생명의 말씀사, 2004), 63.
48) Rick Ezell, 설교, 변하는 청중을 사로잡으라, 63-64.

27.

회귀 본능에 맞서야 한다

성장은 수고와 노력 희생과 땀을 요구한다. 고통 없는 성장은 없다. 오죽하면 성장통이라는 말이 있을까. 설교도 다르지 않다. 설교자는 태어난다고 한다.[49] 맞는 말이다. 동시에 설교자는 빚어지고 만들어진다. 수고와 헌신, 희생과 땀을 대가로 설교자는 자라고 또 자란다.

문제가 있다. 회귀 본능이다. 성장하기 위해 수고와 노력, 희생과 땀 흘리기를 멈추는 순간 원래 자리로 돌아가려는 성향이 생긴다. 설교자는 수시로 자신을 점검하고 자신의 설교를 점검해야 한다.

뿐만 아니라 최신 동향의 설교 관련 책을 읽고 신학서적을 읽고 수필과 시를 읽어야 한다. 이런 수고가 멈추면 다시 원상태로 복귀하려는 성향이 강하게 나타난다. 강단에서 완전히 내려오는 그 순간까지 설교자는 공부해야 한다. 수고해야 하고, 노력해야 한다. 부르심에는 그만한 대가가 따르는 법이다.

28.

성장하고 깊어지는 피드백 (1) 설교자의 태도

설교 피드백은 다양한 부분을 고려해야 한다. 설교 분석 또는 설교

◆

49) D. M. Lloyd-Jones, 목사와 설교(Preaching & Preachers), 서문강 역(서울: CLC, 1999), 131-158.

피드백을 하면서 자연스럽게 형성된 세부 지침이다. 필자는 주로 네 가지 범주를 따라 설교 피드백을 제공한다. 설교자의 태도, 본문 해석, 적용, 설교 구조, 마지막으로 설교의 핵심 메시지이다. 다음은 설교자의 태도에 관한 설교 피드백, 설교 코칭이다.

1) 성도와의 눈맞춤(Eye Contact)은 잘 하는가?

이 부분은 원고 숙지와 직결된다. 원고 숙지를 한다고 해서 눈맞춤이 당연한 것은 아니지만 원고 숙지가 안 된다면 눈맞춤은 불가능하다. 최소한 서론과 결론만큼은 원고가 아니라 청중을 바라보면서 전해야 한다.

2) 표정은 어떤가?

설교자의 표정 역시 중요하다. 설교자의 정서(감정)가 표정으로 전달되기 때문이다. 설교에서 진정성은 아무리 강조해도 지나치지 않을 만큼 중요하다. 설교의 진정성은 다양한 방식으로 전달되지만 설교자의 눈빛과 표정으로 가장 잘 담아낼 수 있다. 진정성과 설교자의 표정은 직결된다.

3) 복장

깔끔하고 정갈한 복장은 기본 중의 기본이다. 강단에 올라가기 전에 거울 앞에 서서 외모를 점검해야 한다. 넥타이가 제대로 됐는지, 머리 모양은 정돈됐는지 점검해 보아야 한다.

4) 청중을 존중하는 태도

가끔 청중을 무시하거나 낮잡아 보는 설교자가 있다. 절대 금물이다. 청중은 존중의 대상이지 하대할 대상이 아니다. 말투, 태도, 눈빛, 표정, 전달하는 느낌에서 청중을 존중하는 태도가 묻어나야 한다.

5) 반복적인 습관이 있는가?

설교는 말로 전달한다. 말이 전부는 아니지만 말 없는 설교는 없다. 쩝쩝 소리를 내거나, 입맛을 다시거나, 입 모양을 이상하게 하는 경우가 있다. 습관으로 굳어져 있어서 인지하지 못하는 경우가 태반이다.

6) 제스처

지나친 제스처 또는 아무 제스처가 없는 것은 둘 다 문제다. 동작이 너무 과한 경우도 있고 지나치게 경직된 경우도 있다. 이 부분은 설교자가 인식할 수도 있고 못할 수도 있다.

7) 목소리

설교자에게 목소리는 매우 중요하다. 평소 말하는 습관을 점검해야 한다. 가급적 또박또박 말해야 하고 빠르거나 느리지 않아야 한다. 개인적으로 약간 빠른 것이 느린 것보다 낫다고 본다. 지나치게 거북스러운 목소리로 말하는 경우가 있다. 일종의 홀리 보이스(Holy Voice)라고 걸걸한 목소리로 바꾸는 경우도 있다. 안 될 일이다. 자연스러운 목소리가 최선이다. 설교 언어로는 수동태보다 능동태를 사용해야 한다.[50] 무엇보다 설교는 글이 아니라 말이기에 문어체가 아니라 구어체여야 한다.

8) 강조하는 부분이 확실하게 나타나는가?

설교는 강조점이 있을 수밖에 없다. 설교 강조점에 이르면 목청이 터지도록 고함을 지르는 경우가 있다. 한 가지 방법인 것은 분명하다. 하지만 큰 목소리가 유일한 것은 아니다. 속도를 잠깐 늦추거나 오히려 목소리를 더 작게 하거나 조금 더 천천히 전달함으로 강조할 수 있다.

◆
50) Donald R. Sunukjian, 성경적 설교의 초대, 330.

제스처나 눈맞춤과 표정도 기여할 수 있다.

9) 진정성

설교에서 가장 중요한 부분이라 생각한다. 설교자 자신이 확신을 가지고 있는지, 전달하는 메시지에 진정성이 전달되는지 살펴야 한다. 사람은 교감하는 존재다. 설교자의 진정성은 반드시 청중에게 전달된다.

29.
성장하고 깊어지는 피드백 (2) 본문 해석

본문 해석, 설교 피드백 중 가장 중요한 부분이 아닐까 싶다.

1) 본문 해석이 적절한가?

본문 장르에 맞춰 해석했는지, 너무 뻔한 해석은 아닌지 살펴야 한다. 본문을 정확하게 해석할 수 있다면 설교의 핵심 부분을 잡아낸 것과 다름없다. 본문 해석의 중요성은 아무리 강조해도 지나치지 않다. 저자가 그 말씀을 기록한 의도를 정확하게 찾아낼 수만 있다면 무슨 짓이라도(?) 할 수 있지 않을까 싶다. 설교자의 본문 해석이 어느 정도로 깊은지, 또 정확한지 그 의미를 찾아내기 위해 얼마나 수고하고 노력했는지 설교에서 찾아내야 한다.

2) 역사적 배경이나 첫 독자에 대한 배려가 있는가?

성경은 어느 날 갑자기 하늘에서 뚝 떨어진 것이 아니다. 특정한 역사 속에서 기록된 말씀이다. 역사적 배경을 살펴보아야 하는 것은 지극히 당연하다. 또한 독자가 분명하다. 첫 독자가 누구인지, 그들이 처한 삶의 배경과 자리는 어땠는지 설교자는 반드시 점검하고 고려해야 한다. 그렇지 않다면 아전인수 격의 설교로 전락하기 쉽다.

3) 본문의 핵심 사상을 잘 찾아냈는가?

본문의 핵심 사상이 아니더라도 본문에서 설교의 핵심 사상을 끄집어내야 한다. 본문을 해석했다면 그 해석을 바탕으로 핵심 메시지를 끌어내야 한다. 본문 해석과 핵심 메시지는 비슷해 보이지만 엄연히 구별된다. 설교는 메시지다. 따라서 해석을 통해 오늘을 살아가는 청중에게 메시지를 전달해야 한다. 해돈 로빈슨이 주장하듯 핵심 사상을 끌어내어 메시지로 만든다면 베스트 중 베스트. 모든 설교자가 해돈 로빈슨이 아니기 때문에 쉬운 작업이 아니다. 설교자는 핵심 사상이 아니어도 최소한 본문에서 나온 내용으로 설교의 핵심 메시지를 만들어야 한다. 이 부분이 제대로 되었는지 점검해야 한다.

4) 그 본문을 선택한 이유가 분명한가?

본문의 독특성이 나타나는가? 본문의 사건, 이야기, 의미가 제대로 드러났는지, 이 본문의 독특성이 담겨 있는지 점검하라. 어느 본문을 선택해도 할 수 있는 설교로 전락한 것은 아닌지 진단해 보아야 한다. 선택한 본문의 독특성이 드러난다면 더 없이 좋은 설교다.

5) 본문의 장르에 대한 적절한 이해와 배려가 있는가?

성경에는 여러 가지 장르가 있다. 역사서, 시가서, 선지서, 복음서, 서신서, 묵시 등 장르에 따라 접근 방법이 다를 수밖에 없고, 해석이 다를 수밖에 없다. 장르를 제대로 이해하고 설교하고 있는지 살펴보아야 한다.

6) 새로운 깨달음이 있는가?

설교에서 신성한 통찰이나 깨달음(Wow! Point, A-ha! Point)은 필수다. 이 부분이 빠지면 뻔한 설교로 전락하고 만다. 바른 해석, 역사적 배경, 첫 독자, 장르를 연구하고 핵심 메시지를 찾아냈다면 청중에게 신선한 방식으로 제공해야 한다. 문학에서는 '낯설게 쓰기' '낯선 접근'이란 용어로 사용된다. 깊은 묵상과 연구를 통해 캐낸 천금 같은 메시지를 대충 아무렇게나 전달하는 것은 뼈아픈 실수다. 언어를 연마하고 단어를 신중하게 선택해서라도 새로운 깨달음을 제시하는 방식으로 전달해야 한다. 90쪽 설교 피드백 세부 지침 (2) '본문 해석'은 아무리 강조해도 지나치지 않은 부분이다. 이러니 설교가 어려울 수밖에.

30.
성장하고 깊어지는 피드백 (3) 적용

설교 피드백 꼭 필요할까? 설교는 선포되는 하나님 말씀인데 그 말씀에 피드백을 한다는 것이 이상하지 않을까? 결론부터 말하자면 피드백은 반드시 필요하다. 설교가 선포되는 하나님 말씀이지만 사람, 곧 설교자를 통해 선포되기 때문이다. 사람은 저마다 개성이 있다. 성장 환경도 다르고, 배움의 깊이와 넓이도 다르다. 가능성과 동시에 한계성을 분명히 가지고 있다. 건강하고 바른 피드백을 통해 설교자는 가능성을 확대할 수 있고, 한계를 조금씩 뛰어넘을 수 있다.

그렇다면 피드백 지침 '적용'에 대해 살펴보자.

1) 본문 핵심 사상에서 도출된 적용을 구체적으로 제시했는가?

본문 해석이 중요한 이유다. 바른 해석에서 바른 적용이 나온다. 한 가지 명심해야 할 것이 있다. 바른 해석을 했다고 해서 적용이 저절로 나오는 것은 아니다. 바른 해석에서 도출된 바른 적용이 있는지 면밀하게 살펴야 한다. 적용이 빠진 설교는 앙꼬 없는 찐빵과 다르지 않기 때문이다.

2) 성도들에게 적실한 메시지로 선포했는가?

적용에서 적실성은 생명이다. 청중에게 적실해야 한다. 현대 청중을 생각해보라. 그 어느 때보다 빠르게 변하는 시대를 살고 있으며, 복잡다단한 삶을 살아가고 있다. 현대 청중에게 적실하게 다가가는 적용은 선택이 아니라 필수다. 청중의 삶을 이해하고 청중이 살아가는 시대를 이해하는 안목을 바탕으로 적실한 적용이 제시되었는지 반드시 살펴보아야 한다.

3) 설교자의 청중 이해도는 어떤가?

적실한 적용은 설교자의 청중 이해에서 비롯한다. 설교자가 청중의 삶을 이해하지 못하고, 청중이 살아가는 시대를 이해하지 못하면, 적실한 적용을 제시하기 어렵다. 목회자와 성도 간의 인격적인 교제와 신뢰가 바탕이 되어 있다면 인격적인 교제와 신뢰가 묻어나는 설교가 나올 수밖에 없다. 즉, 적실한 적용이 흘러나오게 되어 있다. 이 부분을 반드시 점검해야 한다.

4) 설교에서 시대를 이해하는 면이 나타나는가?

설교자와 청중은 시대의 산물이다. 시대 속에서 나고 자랐으며 시대의 주된 가치와 흐름에 큰 영향을 받을 수밖에 없다. 따라서 설교자는 자신을 객관적으로 바라보아야 할 뿐 아니라 청중이 살아가는 시대의 흐름을 이해해야 한다. 시대를 꿰뚫어보는 안목은 설교에서 자연스럽게 나타날 수밖에 없다. 시대를 이해하고, 성경적 대안을 제시하는 설교라면 탁월한 적용과 적실한 적용을 제시하는 설교라고 보아도 무방하다.

31.
성장하고 깊어지는 피드백 (4) 설교문 구조

설교자의 태도, 설교 본문 해석, 구체적이고 적실한 적용, 어느 것 하나 가벼운 것 없다. 어느 것 하나 중요하지 않은 것 없다. 최근엔 설교 구조가 무척 중요하게 다가온다. 설교자의 좋은 태도, 잘 해석된 본문, 구체적이고 적실한 적용이 더욱 빛을 발하려면 세심한 설교 구조가 필수다. 설교 구조가 엉망이라면 잘 차려진 밥상을 엎어버릴 수 있다.

설교 피드백 세부 지침 '설교문 구조'에 대해 알아 보자.

1) 서론, 본론, 결론으로 흘러가는 설교의 논지가 분명한가?

설교는 한 편의 작품이다. 서론, 본론, 결론으로 흘러가는 논지가 명확해야 하고 무엇보다 일치해야 한다. 서론에서 본론, 그리고 결론으로 이어지는 설교에서 논지가 확장되고 깊어지면 청중은 다른 생각을 하지 못한다. 설교자나 청중이 설교에 몰입하려면 일관성 있는 논지, 고래힘줄 같은 논지는 필수다.

2) 서론은 흥미를 끄는가?

영화 시작 5분이 지나면 이 영화가 재밌을지 별로일지 판가름 할 수 있다. 설교도 다르지 않다. 2~3분 설교를 듣고 나면 결판난다. 서론에서 흥미를 끌지 못하면 설교 전체에 걸쳐 설교와 성도를 끌고 나가기 어렵다.

3) 논리적 비약이 일어나는 것은 아닌가?

급격한 방향 전환이 일어나는 것은 아닌가? 설교 준비는 설교자의 몫이다. 설교자는 설교의 흐름을 이해한다. 자신이 준비했으니 그럴 수밖에 없다. 청중은 설교자의 머릿속을 모른다. 논리의 비약이 일어나면 청중은 설교자와 설교의 흐름을 따라가지 못한다. 한 편의 설교에서 두 번만 논리의 비약이 일어나도 청중의 생각은 허공을 맴돌게 된다.

4) 결론은 설교의 핵심 부분을 잘 담아냈는가?

소설, 드라마, 영화의 결론은 그 작품을 마무리할 뿐 아니라 핵심 메시지를 드러낸다. 설교도 다르지 않다. 서론으로 흥미를 끌고 본론으로 풀어간 설교의 핵심 메시지를 결론에서 요약 정리하고 담아내야 한다. 그렇지 못하면 용두사미로 전락하고 만다.

5) 서론 본론 결론의 길이는 적절한가?

서론이 지나치게 짧다면 청중과 호흡하거나 공감대를 형성하지 못한다. 서론이 너무 길면 본론으로 들어가기도 전에 지친다. 결론이 너무 짧으면 서둘러 끝나는 느낌이 들고 결론이 너무 길면 사족이 된다. 서론과 결론은 흥미를 끌어야 할 뿐 아니라 설교 전체를 요약 정리해야 하며 무엇보다 길이가 적절해야 한다.

6) 대지설교일 경우 각 대지의 분량 분배가 적절한가?

경험해 보았을 것이다. 대지를 주구장창 풀다가 시간에 쫓겨 대지는 쪼그라들고, 심지어 대지는 등장하지도 못하는 경우를. 설교 시간에 비추어 대지의 양을 조절해야 한다. 특별히 강조하고 싶은 대지에 조금 더 시간을 할애하는 정도로 균형을 잡아야 한다. 그렇지 않다면 굳이 대지설교를 고집할 필요가 없다.

7) 강조하고 싶은 부분이 강조되었는가?

설교에 핵심 사상을 가장 잘 담아낸 부분이 분명하게 드러나고 있는지 살펴보아야 한다. 분량, 반복되는 어구, 설교 속도, 목소리의 크기, 제스처 등 여러 가지 방식으로 강조해야 한다. 특별히 설교 원고 전체 구조에 있어서 강조점을 드러내는 방식으로 점점 고조되고 있는지 살펴보아야 한다. 여기저기서 산발적으로 날려댄다면 강조점 자체가 없는 설교처럼 다가갈 수 있다.

8) 더 효과적인 전달을 위해 구조 배치를 새롭게 할 수 없는가?

또 다시 영화로 예를 들어보자. 감독은 수많은 장면을 찍어 편집에 편집을 거듭한다. 더 큰 감동을 주기 위해 편집은 필수 중의 필수다. 기승전결이 없는 영화라면 참패를 면할 수 없다. 소설이나 드라마도 다르지 않다. 더 큰 감동을 주기 위해 기승전결 과정은 필수다. 설교도 마찬가지다. 서론부터 본론, 그리고 결론에 이르는 설교 흐름 중 순서를 편집해야 할 필요가 있다. 더 큰 임팩트를 위해, 논리적 흐름 안에서 설교 전체 구조를 살펴보아야 한다. 긴장과 이완, 위트와 감동을 적절하게 배치하면 청중의 생각을 사로잡아 설교 내내 끌고 갈 수 있다.

9) 예화가 설교의 핵심 사상과 잘 연결되는가?

좋은 예화를 찾기 위해 노력하는 일만큼이나 예화를 잘 사용하려고 노력해야 한다. 설교 핵심 메시지와 딱 맞아떨어지는 예화가 아니라면 딱 맞아떨어지는 핵심 메시지에 사용하도록 남겨두어야 한다. 딱 맞아떨어지지 않는 예화는 설교 핵심 메시지를 부각시키지 못하고 오히려 감소시키는 어처구니없는 결과를 가져온다.

예화의 배치도 적절해야 한다. 어느 위치에 예화가 들어갈 것인지 제대로 판단해야 한다. 설교 전체 구조를 조망하고 적절한 위치에 예화를 삽입하면 청중과 함께 호흡할 뿐 아니라 설교 전체 흐름에 신선한 바람을 불어넣을 수 있다. 청중으로 하여금 지나치게 긴장하거나 지루해

하지 않게 할 뿐 아니라 설교에 몰입하게 만들 수 있다.

32.
성장하고 깊어지는 피드백 (5) 설교의 핵심 메시지

설교 피드백은 어렵다. 원고까지 읽어야 한다면 더 까다롭다. 문장 수정까지 꼼꼼하게 봐야 하기 때문에 집중력이 요구되고 따라서 피로도가 높아진다. 그럼에도 설교 피드백은 그만한 가치가 있다. 설교가 선포되는 하나님 말씀이기 때문이다. 설교 피드백 세부 지침 마지막이다.

1) 복음을 설교했는가?

예수가 잘 나타났는가? 이 부분은 『팀 켈러의 설교』에서 인용하고 착안했다. 팀 켈러는 항상 복음을 설교하라고 주장한다. 예수를 드러내라는 말이다. 설교에서 예수가 드러나지 않으면 부담을 주거나, 이렇게 합시다 저렇게 합니다 등등, 자칫 잘못하면 율법주의나 도덕주의로 흐를 수 있다. 어쩌면 반대급부로 반율법주의로 흐를 수도 있다. 성경은 예수를 보여주는 책이다.

예수도 성경이 자신에 대한 책이라 선포했다. "너희가 성경을 연구하는 것은, 영원한 생명이 그 안에 있다고 생각하기 때문이다. 성경은 나에 대하여 증언하고 있다."(요 5:39, 새번역) 여기서 말하는 성경은 구약 성경이다. 신약은 더 말할 것도 없다. 따라서 설교에서 예수가 나타나야 한다. 설교에서 예수가 중심에 서면 은혜가 될 뿐 아니라 예수를 더 깊이 생각하고, 예수를 더 바라보고, 예수를 더 신뢰할 것이다. 설교의 핵심이 그것 아닐까? 설교에서 예수가 나타나는지, 예수가 설교의 중심에 등장하는지, 그 길을 제시하는지 살펴보아야 한다.

2) 설교 제목은 설교의 핵심 메시지를 잘 담아냈는가?

사람은 이름으로 기억한다. 책도 제목으로 승부한다. 물론 내용이 좋아야 하지만, 인터넷 기사도 제목으로 승부한다. 설교도 다르지 않다. 좋은 제목은 기대감을 불러일으킨다.

설교의 핵심 메시지를 담아낸 제목이라면 더 없이 좋다. 너무 직접적일 필요는 없다. 다 드러내기보다 슬쩍 숨기는 것이 흥미를 끈다. 그렇다고 설교 핵심 메시지와 동떨어진 제목이라면 골치 아프다. 그렇게 되면 '도대체 왜 이 제목일까?'라는 질문을 남기게 된다. 설교 제목은 설교의 핵심 메시지와 직결되어야 하고 핵심 메시지를 담아내야 한다. 설교 피드백에서 설교 제목을 면밀히 살피는 일은 중요하다. 첫인상은 두 번 주지 못한다는 말이 있다. 설교 제목은 설교의 첫인상과 같다.

3) 집으로 가져갈 한 문장이 있는가?[51]

이 아이디어는 도널드 수누키안과 앤디 스탠리의 아이디어에서 착안했다. 도널드 수누키안은 저서 『성경적 설교의 초대』에서 '집으로'라는 단어를 사용해서 청중이 집으로 가져갈 한 문장을 제시해야 한다고

---

51) Donald R. Sunukjian, 성경적 설교의 초대, 83-107. 수누키안은 '집으로 진리 결정하기'를 한 챕터에 걸쳐 다룬다. 성도들이 집으로 가져갈 한 문장을 만들어내는 설교여야 함을 강조하고 강조한다.

말한다. 앤디 스탠리는 설교 전체를 담아낼 한 문장을 만들기 위해 고군
분투한다고 고백한다. 본문의 핵심 메시지를 담아낸 핵심 문장을 만들
고, 설교 중에 반복적으로 사용해서 청중의 마음에 핵심 메시지를 각인
시키자고 독려한다.[52]

설교 전체를 기억하는 청중은 없다. 핵심 문장을 기억할 따름이다.
그것만으로 충분하다. 오늘 선포된 말씀을 듣고 집으로 핵심 문장 하나
가져가면 청중의 삶에서 그 말씀 붙들고 살아갈 길이 열린다. 삶의 변화
는 거기서부터 시작한다고 해도 지나치지 않다. 따라서 설교자는 설교
의 핵심 메시지를 담아낸 핵심 문장을 만들기 위해 수고할 필요가 있다.
무척 수고스럽고 지난한 작업이지만 충분한 가치가 있다.

33.

첫 문장 콤플렉스

'버려진 섬마다 꽃이 피었다. VS 버려진 섬마다 꽃은 피었다.' 김훈 소
설 『칼의 노래』의 첫 문장이다. 작가는 조사 '이'와 '은'을 두고 몇 달을 고
심했다고 한다. 조사 하나 때문에 몇 달을? 왜 그랬을까? 조금 진지하게,
조금 더 깊이 생각해 볼 필요가 있다. 작가마다 첫 문장 콤플렉스가 있
다고 한다. 작가들은 첫 문장을 어떻게 시작할지 치열하게 고민한다.

◆
52) Andy Stanley, 최고의 설교자를 만드는 설교 코칭, 144. 노스포인트교회 이야기(Deep & Wide), 윤종
석 역(서울: 디모데, 2014), 271.

질문이 생긴다. 왜? 첫 문장으로 독자의 마음을 사로잡으려고? 첫 문장으로 책 전체의 흐름을 보여주려거나, 소설의 방향을 알려주겠다는 의도가 있기 때문일까? 만약 그렇다면 아주 미미해 보이는 조사 하나이지만 상당한 의미를 가진다.

다시 김훈의 첫 문장으로 돌아가서 생각해 보자. '버려진 섬마다 꽃은 피었다.'라고 하면 주관적 해석이 포함된다. 실제 꽃이 피지 않았어도 꽃은 피었다고 말할 수도 있다. 꽃 필 상황이 아니지만 간절한 바람을 담아 꽃은 피었다고 말할 수 있을 것 같다. 반대로 '버려진 섬마다 꽃이 피었다.'라고 하면 느낌이 다르다. 이 문장은 객관적이다. 말 그대로 꽃이 피었다는 뜻이다.

김훈 소설 『칼의 노래』의 배경을 생각해 보자. 임진왜란으로 나라가 초토화된 때이다. 역사 배경에 비추어 본다면 이 한 문장은 역사적 사실을 보여줄 뿐 아니라 이 소설의 방향을 보여준다. 나라는 버려진 섬 마냥 초토화가 되었고, 백성 역시 버려진 섬과 다를 바 없었던 시대이다. 그 버려진 섬에 꽃이 핀 것이다.

'버려진 섬'이라는 단어가 보여주듯 전쟁이 할퀴고 간 자국은 선명하다. 하지만 끝내 버려진 섬에 꽃이 피었다. 겨우내 불었던 모진 눈보라와 북에서 불어오는 냉기를 이기고 끝내 꽃이 피었다. 역사에 비추어 보면 봄이 올 것 같지 않았던, 꽃이 피지 않을 것 같았던 조선, 그 버려진 섬마다 꽃이 피었다는 것을 알 수 있다.

작가가 첫 문장으로 소설의 배경이 되는 역사를 아우를 뿐 아니라 소설 전체의 흐름을 보여주려 했는지는 모르겠다. 치열한 고민을 했다고 하니 그랬을 수도 있지 않을까 짐작해 본다. 이처럼 강렬한 인상을 남긴 첫 문장은 그 글이 어떻게 흘러갈지 보여준다.

설교자로서 매주 설교할 때마다 첫 문장, 첫 마디로 몸살을 앓는다. 첫 문장으로 설교의 전체의 흐름을 보여줄 수 있다면, 첫 문장으로 설교의 핵심을 엿보게 할 수 있다면, 첫 문장으로 청중의 눈과 귀, 마음과 영혼을 사로잡을 수 있다면 첫 문장 콤플렉스에 시달리는 것도 좋겠다. '나는 겨우 쓴다.'고 말한 김훈의 말이 이 땅을 살아가는 모든 설교자들의 고백이 아닐까 싶다.

34.
순금을 제련하듯이

풀러신학교에서 있었던 일이다. 강해설교의 아버지 해돈 로빈슨 교수의 수업이었다. 해돈 로빈슨은 학생(목회자)에게 본문의 핵심 사상을 찾는 훈련을 시켰다. "본문의 핵심 사상을 찾아보세요!" 몇 분이 지난 후 학생은 저마다 발견한 핵심 사상을 발표했다.

해돈 로빈슨의 대답은 '틀렸다!'였다. 그는 같은 질문을 반복했고 학생들은 더 깊은 고심에 빠졌다. 고심 끝에 대답을 내놓았고, 그럴 때마다 해돈 로빈슨의 대답은 같았다. "틀렸다!" 수업을 진행할수록 학생들의 답답함은 커졌다. 드디어 한 학생이 입을 열었다. "교수님, 우리는 해돈 로빈슨이 아닙니다. 해돈 로빈슨처럼 잘 해내지 못합니다." 그리고 한마디 덧붙였다. "순금만 금입니까? 18k, 14k는 금이 아닙니까?" 예상 밖의 하소연을 들은 해돈 로빈슨은 한참 고심한 후 대답했다. "18k, 14k

도 금이다. 심지어 도금도 금이다."[53]

설교자는 설교의 본문으로 삼은 말씀을 연구해야 한다. 그 말씀의 핵심 사상, 중심 주제를 발견해 내야 한다. 아쉽게도 모든 설교자가 이 작업을 잘 해낼 수는 없다. 해돈 로빈슨이 아니기 때문이다. 순금이 가장 가치 있는 금이라는 데는 이견이 없다. 하지만 18k, 14k, 심지어 도금도 나름의 가치가 있다.

이 사실은 설교자에게 상당한 자유를 준다. 설교자는 설교하기 위해 성경 본문을 묵상해야 한다. 그 본문에서 전하고 나눌 메시지를 도출해야 한다. 만약 메시지가 그 본문의 핵심 사상이라면, 도출한 메시지가 그 본문과 본문의 저자가 전하려는 중심 주제라면 더 없이 좋다.

크리스토퍼 라이트(Cristopher J. H. Wright)는 이렇게 말했다. "나는 그(본문의 원저자)가 내 오른쪽 어깨 뒤에 서 있다고 상상한다. 그가 내 설교를 들을 때 동의를 표한다는 뜻으로, 즉 내가 말하고 있는 것이 (대체로) 그가 말하고 싶었던 바라는 데에 동의한다는 뜻으로 고개를 끄덕이기를 바란다(적어도, 그가 아니, 아니, 아니! 그것은 내가 말하고자 한 바가 전혀 아니야! 말을 닫고 자리에 앉아! 라고 생각하며 절망적으로 고개를 젓는 일은 없기를 바란다)고 말했다."[54]

그렇지 않을 수도 있다. 곁가지 같은 메시지, 메인 요리(Main Dish)가 아니라 사이드 요리(Side Dish) 같은 메시지일 수 있다. 그래도 설교자는

◆

53) 이 에피소드는 해돈 로빈슨 교수와 수업을 진행한 김은철 교수로부터 직접 전해들은 에피소드이다. 김은철, "이머징 문화와 설교"(강의, Fuller Theological Seminary, Fall 2015).
54) Christopher J. H. Wright, 크리스토퍼 라이트의 십자가(Let the Gospels Preach the Gospel), 박세혁 역(서울: CUP, 2019), 21

설교할 수 있다. 탁월하고 뛰어난 설교자만 설교할 수 있는 것이 아니라 부족하고 모자란 설교자도 설교할 수 있다.

순금 같은 메시지를 전하기 위해 설교자는 공부해야 하고 노력해야 한다. 안타깝게 순금이 아니라 18k. 14k, 어쩌면 혼합된 메시지를 발견해 낼 때도 있을 것이다. 그래도 설교자는 설교해야 한다. 그것이 설교자의 사명이다. 아, 할 수만 있다면 리틀 해돈 로빈슨이 되면 좋겠다.

35.
성령을 의지하라

성경은 성경 저자의 작품이다. 성경 저자의 인격과 지성과 경험과 삶이 녹아들어 있다. 하지만 성경의 진짜 저자는 하나님이다. 하나님께서 인간 저자를 통해 성경을 기록하게 하셨다. 그들에게 영감을 주시고, 성령을 부어주셔서 하나님 말씀을 기록하게 하셨다.

설교도 다르지 않다. 설교는 인간 저자의 작품이다. 설교자가 묵상하고, 글을 쓰고, 강단에서 말씀을 전하고 나누고 가르치고 선포한다. 그러나 설교가 선포되는 하나님 말씀이라면 궁극적인 설교의 저자는 하나님일 수밖에 없다. 이 단순한 사실이 설교자에게 무엇보다 중요하다. 설교자는 성령을 의지해야 한다. 설교 준비를 시작할 때부터 성령을 의지해야 한다. 설교자는 말씀을 준비하면서 성령의 조명을 구해야 한다. 성령께서 인도해 주시길, 영감을 불어넣어 주시길, 원저자인 하나님의 마음을 깨닫게 되길 구해야 한다.

원고를 쓸 때도 다르지 않다. 성령을 의지하며 깨달은 바를 나의 언어로 잘 다듬어 가야 한다. 강단에 섰을 때는 더욱 그러하다. 준비한 대로 되지 않는 경우가 다반사이다. 설교자라면 누구나 준비한 것보다 훨씬 영감 있는 말씀을 전해 본 경험이 있을 것이다. 성령께서 역사하셨기 때문이다. 따라서 설교자는 성령을 의지하는 사람일 수밖에 없다.

설교 준비를 시작할 때, 강단에 오를 때, 강단에서 내려올 때까지 설교자는 성령을 의지해야 한다. 이런 의미에서 설교자에게 있어 가장 중요한 설교 준비는 성령을 구하고 성령을 의지하는 기도이다.

성령이 함께하시지 않는 설교는 하나님 말씀이 아니라 사람 소리에 지나지 않으며, 성령이 함께하시지 않는 설교자는 하나님 말씀을 전하는 사람이 아니라 자기주장을 떠들어대는 사람에 지나지 않는다.

성령을 의지하는 설교자가 누리는 특권이 있다. 설교에서 그랜드슬램(만루 홈런)을 친다고 우쭐댈 일이 없어진다. 교만한 마음 원천 봉쇄! 삼진, 땅볼, 심지어 병살타를 친다고 해서 기죽을 이유가 전혀 없다. 죄책감 원천 봉쇄! 아름다운 일이다.

성령을 의지한다고 주장하면서 설교 준비에 소홀한 경우가 더러 있다. 누군가가 이렇게 말했다. 성령 하나님 백 점! 설교자 빵점! 성령을 의지하는 설교자는 자신이 해야 할 일에 생명을 거는 사람일 수밖에 없다.

비판 받기(1)

　신학대학원 일학년, 그해 연말이었다. 교육 전도사로 이력서를 지원하고 기다리고 있었다. 지원한 교회에서 연락이 왔다. 주일학교 설교를 해보라는 연락이었다. 대상은 초등학교 1~2학년이었다. 난 아직도 주일학교 담당 교육 전도사 뽑으면서 설교 선 보는 교회가 있다는 말은 들어보지 못했다. 그 교회도 지금까지 그런 일은 반복하지 않았다고 하니 내 경우가 특이한 경우라고 하겠다.

　출석하던 교회 담임 목사님이 부르셨다. "다음주 토요일 교역자 회의 때 선 볼 설교해 봐." 십 분 설교를 위해 수백 분을 준비했다. 담임 목사님을 비롯한 열 명의 목회자들 앞에서 새내기 전도사가 설교한다니 부담감은 이루 말할 수 없었다. 토요일 교역자 회의 시간은 어김없이 왔다. 무척 빠르게 다가왔다.

　인도의 성자로 불리는 썬다 싱의 예화로 설교를 시작했다. 예수가 사셨던 것처럼 다른 사람을 사랑하며 섬기며 사는 삶이 그리스도인이 살아가야 할 삶이라는 것과 그렇게 살아야 나도 살고 너도 산다는 이야기였다.

설교 후 담임 목사님이 입을 여셨다. "지 전도사님, 사람이 죽었는데 그게 웃겨요?" 썬다 싱 예화에 얼어 죽은 사람 이야기가 나오는 장면에서 나도 모르게 웃었나 보다. 당황했다. "아닙니다. 웃기지 않습니다." 그러자 목사님이 "다른 목사님들 평가해 봐요"라고 했고 다들 침묵하셨다. 다시 목사님이 말씀하셨다. "K 강도사, 자네가 감정이입을 잘하니까 지 전도사를 지도해. 떨어지지 않도록."

K 강도사님은 지도는커녕 아무 말씀도 안 하셨다. 고마웠다.

드디어 설교 선 보는 날이었다. 이번에도 시간은 쏜살처럼 빠르게 지나갔다. 주일학교 예배당에 들어선 순간을 지금도 기억한다. 예배당 맨 뒷줄 수첩과 볼펜을 단단히 챙겨든 선임 목사님이 먼저 눈에 들어왔고, 하얀 머리가 섞인 어르신도 몇 분, 금테 안경을 쓰고 아이보리 양복차림에 다리 꼬고 앉은 분도 있었다. 짐작하건대 집사님들도 있었다. 검정 양복차림, 네이비 점퍼차림, 모두 설교하는 내내 수첩에 뭔가를 기록했다. 그 내용이 지금도 궁금하다.

교역자로서 첫 설교는 청년 시절 출석하던 교회 담임 목사님을 비롯한 교역자들 앞에서였다. 실전이었던 전도사 때의 첫 설교와 공통점이 있었다. 다들 쓴소리로 일관했다는 것이다. 아, 차이도 있다. 내가 출석하던 교회 담임 목사님은 잘 가르치기 위함이었고, 내가 지원한 교회 장로님과 집사님은 심사하기 위함이었다. 교역자로서 나의 설교는 살벌한 비판을 받으면서 시작되었다.

그 후 한 달이 지나는 동안 아무런 연락이 없었다. 다만 출석하던 교회 담임 목사님이 부르시더니, 지 전도사가 못해서가 아니라 당신이 덕이 없어서 내가 떨어진 거라 하셨다. 더 잘 준비해서 더 좋은 교회로 가도록 함께 힘써 보자고 하셨다. 그런데 그 다음날, 내가 지원했던 그 교회에서 교육 전도사로 채용했다는 연락이 왔다. 수첩에 비판만 잔뜩 기록한 것은 아니었나 보다.

비판 받기(2)

설교학 수업의 꽃, 설교 실습. 나에게 꽃다운 시간이고 동시에 꽃다운 시간이 아니었다. 신학대학원 2학년 2학기부터 시작해서 3학년 2학기까지 세 학기에 걸친 세 번의 설교 실습은 잊을 수 없다.

첫 설교 실습 담당 지도교수는 현장 목회하던 존경받는 목사님이었다. 매주 세 명이 돌아가면서 지도교수와 반 동료 앞에서 설교를 했다. 설교 원고는 교수님에게만 제출했다. 설교가 끝나면 교수님이 설교문과 설교에 대해 비평했다. 잘한 점을 지적하고 부족한 부분을 꼬집어 주셨다.

같은 반에서 설교 실습하는 전도사들도 열정적으로 피드백을 해주었다. 주로 단점이었다. 피드백 범위는 무한대처럼 보였다. 표정, 눈빛, 넥타이 모양, 헤어스타일, 사투리, 유머, 예화의 적실성, 목소리, 속도, 발음, 청중과의 눈맞춤, 자신감 여부를 포함해서 성경 해석과 적용에 이르기까지. 생각할 수 있는 모든 부분에 대해 나름대로 날카로운 식견을 드러냈다.

몇 주가 흘렀을 것이다. 우리 조 차례였다. 첫 설교자 M 전도사의 설교. 평생 또 다시 설교 시간에 이 만큼 웃을까 싶을 만큼 재미난 설교였다. 늘 매서운 눈빛을 쏘셨던 목사님도 배를 잡고 쓰러지셨다. 눈시울이 젖으신 것을 보아 웃다 못해 우셨다는 것을 짐작할 수 있었다. 두 번째 설교자는 얼굴은 기억나는데 이름이 기억나지 않는다. 설교는 두 말할 것 없이 아무것도 기억나지 않는다. 세 번째 설교자는 바로 나 지혁철 전도사였다.

세 설교자가 설교를 마친 후 지도교수 목사님이 한 명씩 피드백을 하셨다. 첫 주자 M 전도사를 향해서는 너무 재밌었다, 너무 웃었다, 배꼽이 빠지는 줄 알았다! 문제는 너무 웃다 보니 뭘 들었는지 기억할 수 없다고 하셨다. 웃기는 것은 좋지만 지나치게 웃겨서 주객이 전도되었다는 것이다. 다른 전도사들 역시 '웃기다'는 이야기가 피드백의 주를 이루었다. 두 번째 전도사에 대한 피드백은 기억하지 못한다. 교수님도 별다른 말씀이 없었다. 아마 설교가 무미건조했나 보다.

드디어 내 차례였다. "지혁철 전도사, 자네는 목회를 그만 두게!" 잘못 들은 줄 알았다. 아니었다. 계속 말씀하셨다. "자네는 열정이 없나? 진리의 말씀을 이렇게 거짓말처럼 전하기도 힘들 것 같은데, 어떻게 생각하나? … 자네는 어느 교회에서 사역하나?" 나도 모르게 큰소리로 교회 이름을 말했다.

그러자 교수님이 말씀하셨다. "계속 사역하겠다면, 이번 주 부산에 내려가면 남포동에 가! 약장수들이 어떻게 파는지 관찰해. 그들은 거짓말도 진짜처럼 말해. 사고 싶게 말이야. 무슨 말인지 알겠나?" 그때 난 부산에 소재한 교회에서 교육 전도사로 사역하고 있었다.

금요일 오후 신대원 수업을 마친 후 남포동으로 갔다. 약장수가 있었다. 땅꾼이었다. 자기가 개발한 열 도구에 수십수백 마리 뱀을 산 채로 집어넣어 진액을 뽑아냈다. 뽑아낸 진액을 캡슐에 넣어 판매하고 있었다. "이거 먹고 전봇대에 오줌 싸 봐, 전봇대 부러져. 이거 먹고 변기에 오줌 싸 봐, 변기 깨질 거야!"

구경하는 사람이 많았다. 두세 시간은 족히 구경했을 것이다. 금요기도회가 있어서 어쩔 수 없이 자리를 털고 일어났으나 진짜 사고 싶었다. 아직 그 교수님께 전하지 못한 에피소드다. 약장수는 가짜를 진짜처럼 말하는 것이 아니라 진짜라고 믿게 했다. 게다가 귀에 쏙쏙 들어오게 말했다. 약장수의 말은 과장된 것이 분명하다. 설마 전봇대가 부러지고, 변기가 깨지겠나. 그래도 그는 자기 말에 확신이 있었다. 귀한 배움이었다.

2019년 교단 총회장 출신 원로 목사님들을 지금 사역하는 교회에 초대했다. 식사를 제공하고 선물을 드리기도 했는데, 첫 설교학 지도교수 목사님도 오셨다. "목사님, 설교 실습 수업 들었던 제자입니다."라고 인사하고 잠시 이야기를 해드렸다. "그때 목사님께서 제 설교 듣고 목회 그만두라고 하셨습니다."

당황하는 눈치가 역력했다. "아마 열심히 하라는 뜻이었을 게야. 너무 괘념치 말게." 목사님은 서둘러 차를 타고 부산으로 돌아가셨다. 지금에서야 다시 말씀드린다. "목사님, 고맙습니다. 덕분에 약장수에게서 제대로 배웠습니다."

2001년 봄, 설교 실습 2학기였다. 지도교수는 설교학 교수님이었다. 이번에도 3명 1조로 설교했다. 누구랑 같은 조였나? 아마 그들도 나를 기억하지 못할 게다. 내 차례가 되어 준비한 대로 설교했다.

드디어 비평 시간. "지 전도사는 문학적 소양이 있어. 설교문을 잘 썼어요." 먼저 잘한 부분을 말씀해 주셨다. 와우! 지금도 그 순간을 떠올리면 설렌다.

그러나 그게 끝이었다면 얼마나 좋았을까? 이어진 피드백을 요약하면 다음과 같다. 열정이 없는 것 같아./ 강의하는 것 같다./ 전도사 때 이렇게 열정이 없고 뜨겁지 않아서야 나중 목사 되면 어떻게 할 건지 모르겠다./ 예화는 외워서 해라./ 예화는 핵심만 말하면 충분하다./ 전체적으로 설교가 영 아니다.

설교 실습 시간이 끝나면 바로 저녁 식사 시간이었다. 마음을 추스르고 식당으로 갔다. 식판에 밥을 받아 두리번거리다 자리를 잡았다. 아뿔싸! 내 앞에 설교학 교수님이 홀로 있었는데 젓가락으로 깨작거리셨다.

"교수님, 식사를 영 못하시네요. 무슨 일이 있습니까?"

"요즘 신대원생들 설교를 들으니 교단의 미래가 걱정스러워서 그래요."

좋은 질문은 좋은 대답을 낳고 나쁜 질문은 나쁜 대답을 이끌어 내는 법이다. 만고불변의 법칙을 그때는 몰랐다. 아뿔싸! "아, 지혁철 전도사가 오늘 설교했지?" 교수님은 그대로 수저를 놓고 일어났다. 남은 밥과 반찬은 잔반 처리하고 총총걸음으로 사라졌다.

비판 받기(4)

3학년 2학기 마지막 설교 실습, 이번엔 심기일전해서 잘해야지 다짐하고 다짐했다. 담당 교수는 설교학을 전공하고 훌륭하게 목회하신 존경하는 목사님이었다. 이전과 똑같은 방식으로 세 명이 한 조로 매주 설교했다.

교수님은 말 그대로 젠틀맨이었다. 친절하고 어떻게든 격려해 주는 목사님이었다. 전도사들의 어눌한 설교를 들으면서 작은 것 하나 놓치지 않고 칭찬하고 격려하셨다.

"목소리 톤이 안정적이고 좋아요." "성경 해석이 좋아요." "적용이 구체적이어서 좋았어요." "표정이 밝고 편합니다." "진지한 자세가 마음에 쏙 들어요." "원고를 참 잘 썼어요." "설교를 너무 잘합니다. 누가 전도사라고 하겠어요." "표현력이 무척 뛰어납니다."

교수님의 칭찬은 버라이어티했다. 누구라도 칭찬을 받았고 격려를 받았다. 드디어 내 차례. 준비한 설교를 다 마치고 자리에 앉았다. 세 명의 전도사 설교를 일일이 기억하고 하나하나 매의 눈으로 찾아내 칭찬하고 격려한 교수님!

그런데 내 차례는 달랐다. 머뭇머뭇, 뒤적뒤적, 메모한 것 찾으시나? 십 초가 십 분처럼 느껴졌다. 입이 말랐다. 드디어 입을 여셨다. "수고했어요!" 교수님은 아무리 눈을 씻고 찾아 보려 해도 칭찬할 대목이 없었나 보다.

　3학기에 걸친 설교 실습은 애잔하게 막을 내렸다. 마지막 학기 설교학 교수 목사님은 설교집을 많이 내셨다. 신대원에 올 때마다 전도사들에게 그냥 나눠주셨다. 하나님의 섭리 가운데 같은 노회 지근거리에서 뵙기도 했다. 노회 때도 새로 출간된 설교집을 그냥 나눠주셨다. 내가 받은 책만 해도 예닐곱 권이다. 하나도 안 읽었다. 뒤끝 작렬이다.

설교자의 독서

한국 목회자의 독서량은 얼마나 될까? 2018년 출간한 통계보고서에 따르면, 목회자의 한 달간 독서량은 신앙서적 평균 3.7권, 일반서적 평균 1.9권이다. 2012년 조사 결과 대비 두 분야 모두 감소했다.

신앙서적 평균 독서 종수는 49세 이하에서 가장 많고, 교회 규모가 클수록, 교회 상황이 증가 추세일수록 많게 나타난다. 일반서적 평균 독서 종수는 시무 연수 15년 이상에서 상대적으로 가장 높고, 교회 규모가 클수록 많으며, 진보적 성향 층에서 상대적으로 가장 많게 나타났다.[55]

설교자가 폭넓고 깊은 독서를 하지 않거나, 독서하지 못한다는 말이다. 신앙서적은 물론 일반서적으로 폭을 좁혀 보면 더욱 아쉽다. 일

---

55) 한국기독교 목회자 협의회 편, 한국 기독교 분석 리포트: 2018 한국인의 종교생활과 의식조사 1998~2018(서울: 도서출판 URD, 2018), 559.

반서적 독서를 통해 설교자는 청중의 관심사를 살피고, 시대의 흐름을 이해할 수 있다.

이런 맥락에서 볼 때 설교자의 일반서적 독서량은 턱없이 부족하다. 김영봉 목사는 목회자의 독서에 관해 이렇게 말한다.

"목회자의 독서는 몇 분야를 정해 놓고 균형을 잡는 것이 좋습니다. 고전, 신학, 인문학, 과학 같은 식으로 말입니다. 사람의 정서가 늘 한결같지 않기 때문에 각 분야에서 읽을 책을 정해 놓고 정서적인 변화에 따라 책을 골라 읽으면 좋습니다. 가장 먼저 추천하고 싶은 것은 목회자의 고전 읽기입니다. 어거스틴의 『고백록』, 파스칼의 『팡세』, 안셀무스의 『모놀로기온』 같은 책을 하루에 일정한 분량을 정하여 꾸준히 읽고 묵상해 보시기 바랍니다. 한 자리에서 다 읽기에는 벅찬 책들이기 때문에 마치 성경을 읽고 묵상하듯이 읽는 것이 좋습니다. 욕심이 나더라도 정한 분량만 읽고 읽은 내용에 대해 묵상하고 필요하다면 노트도 하면 좋습니다. 성경 읽기와 고전 읽기를 기본으로 해야 합니다. 그런 다음, 신학 분야, 인문학 분야, 과학 분야 등에서 읽고 싶은 책을 선정하여 읽어 가시기 바랍니다. 목회자에게 좋은 스토리는 매우 중요합니다. 그렇기에 좋은 소설과 시를 꾸준히 읽는 것이 필요합니다. 소설은 고전 소설도 좋고 스테디셀러로 읽히는 소설도 좋습니다. 소설은 내러티브 파워를 익히는 데 도움이 되고, 시는 시적 심성을 개발하는 일에 도움이 됩니다."[56]

설교자에게 폭넓고 균형 잡힌 독서는 필수다. 김영봉의 말처럼 고

◆

56) 김영봉, "김영봉 목사와의 온라인 인터뷰" 대담 지혁철(광주, 2020. 4월).

전, 신학, 인문학, 과학 분야를 정해 놓고 독서할 때 설교자의 시야는 이전보다 훨씬 깊어지고 넓어질 것이다.

김영봉은 독서 방법도 중요하지만 독서의 대상도 중요하다고 역설한다. 어떤 책을 읽느냐가 중요하다는 의미이다. 설교자들이 주로 읽기 쉬운 경건서적, 간증서, 혹은 설교집에 묶이는 경향을 지적한다. 이는 설교자의 존재를 가볍게 만들 뿐 아니라 설교 자체를 가볍게 만드는 요인으로 작용한다고 말한다. 설교자는 고전과 묵직한 책들을 가까이 해야 한다고 말한다. 설교자 자신의 신학적 소양을 더 키우고 깊게 하려는 노력을 게을리 하지 말아야 한다고 주장한다.[57]

설교자는 소설과 스테디셀러를 통해 좋은 스토리를 끊임없이 익히고 배워 나가야 한다. 이 시대를 살아가는 청중을 이해하기 위해 시대의 흐름을 보여주는 소설과 스테디셀러는 필수적인 독서목록이다.

또한 설교자는 시를 가까이 하면서 시적 심성을 개발해 나가야 할 필요가 있다. 물론 성경을 읽고 묵상하는 일은 기초 중의 기초다. 한국인의 종교 생활과 의식 조사가 보여주듯 목회자의 독서는 빈약하다. 영적 성장과 성숙을 위한 신앙서적 독서량도 충분하다고 말하기 어려운데, 청중이 살아가는 시대를 이해하고 청중의 관심사를 이해하기 위한 일반서적 독서량은 턱없이 부족하다.

설교자의 소양을 발전시켜 나가기 위해, 탁월한 설교의 바탕이 되는 충실한 원고를 작성하기 위해 넓고 깊은 독서는 필수다. 폭넓은 독

---

57) 김영봉, 설교자의 일주일(서울: 복 있는 사람, 2017), 118.

서를 통한 설교자의 성장과 성숙은 설교의 성장과 성숙뿐 아니라, 교회의 성숙과 성장에도 직결된다.

여기서 팀 켈러는 탁월한 모범이라 할 수 있다. 팀 켈러는 성경 텍스트에서 가장 깊고 예리한 통찰을 찾아내기 위해 본문을 묵상하고 또 묵상한다. 그가 성경을 깊고 넓게 읽는다는 뜻이다. 그는 성경을 더 깊이 읽고 더 오래 묵상할수록 더 깊은 통찰을 찾아낼 수 있다고 말한다.

"인내심을 가지고 성경 본문을 귀납적으로 공부한 그 경험이 나의 신앙생활을 바꾸어 놓았다. 시간을 들여, 바른 자세로 마음을 열고 말씀을 신뢰하면 하나님께서는 성경 본문을 통해 말씀하신다. 나아가 성경 속에서 하나님의 음성을 듣도록 사람들을 돕는 법을 배우면서 결국 내 직업의 방향까지 정해졌다… 내 모든 강연과 강의와 설교의 기초는 늘 대학 시절에 배운 대로 성경 본문 앞에 앉아 신중하게 깊이를 파헤치는 데 있다."[58]

팀 켈러는 성경을 바르게 이해하고 해석하기 위해 시간과 에너지를 쏟는다. 정용섭의 말처럼 성경 텍스트가 말을 걸어오는 때를 기다린다. 텍스트를 통해 하나님의 음성을 듣기까지 기다리고 또 기다리며 연구하고 묵상한다. 깊은 읽기와 오랜 묵상을 통해 설교의 통찰력과 적실성을 확보한다.

켈러는 성경 읽기와 관련하여 두 가지 신학적 방법을 병행해야 한다고 주장한다. 공시적 접근이라 불리는 조직신학적 방법과 통시적 접근으로 불리는 구속사적 방법이다.

◆

58) Timothy Keller, 팀 켈러의 인생 질문(Encounters with Jesus), 윤종석 역(서울: 두란노, 2019), 16.

공시적 성경 읽기로써, 조직신학적 방법과 통시적 성경 읽기로써 구속사적 성경 읽기에 관해 켈러는 "조직신학적 방법은 성경을 주제별로 정리하여 이해하는 것이다. 하나님, 죄, 성령님, 교회, 결혼, 가정, 기도 등의 주제를 연구하기 위해 접근하는 방식이다. 조직신학적 성경 읽기라는 말이 보여주듯 주제를 분류하여 조직적으로 접근하는 성경 읽기이기 때문에 성경을 일관성 있게 읽을 수 있고 이해할 수 있는 방법이다. 구속사적 성경 읽기는 성경을 역사적 순서에 따라 대하며, 역사의 단계나 이야기의 흐름을 따라 성경 메시지를 이해하는 성경 읽기 방식이다. 간략하게 말한다면 성경을 창조, 타락, 약속과 계시, 그리스도의 구속, 완성(회복)의 흐름에 맞추어 읽는 방법이라 할 수 있다. 흐름이 보여주듯 구속사적 성경 읽기는 구원의 목적을 잘 나타낸다."라고 말한다.[59]

켈러는 성경이 하나님의 책이면서 동시에 인간의 책이기 때문에 조직신학적 접근과 구속사적 접근을 동시에 사용하여 깊이 있는 성경 읽기를 해야 한다고 주장하면서 성경을 이 두 가지 접근법을 따라 읽지 않을 경우 일어날 수 있는 위험성을 설명한다.

"나는 더 나아가 두 접근법을 다 사용하지 않을 때 나타날 수 있는 위험성을 언급하고 싶다. 조직신학적 방법이 구속사적 방법과 병행되지 않는다면, 이성주의적, 율법주의적, 그리고 개인주의적 기독교를 만들 수 있다. 마찬가지로 구속사적 방법이 조직신학적 방법과 병행되지 않는다면, 이야기와 공동체는 사랑하지만 은혜와 율법 사이, 진리

◆

59) Timothy Keller, 센터처치(Center Church), 오종향 역(서울: 두란노, 2016), 80-82.

와 이단 사이의 분명한 차이점을 외면하는 기독교를 만들 수 있다."[60]

이것이 전부가 아니다. 팀 켈러는 폭넓은 독서로 정평이 나 있다. 그가 설교에 인용하는 권위자들의 면면을 살펴보아도 켈러의 독서의 넓이와 깊이가 어느 정도인지 짐작할 수 있다.

설교자의 독서에 관해 켈러는 이렇게 말한다. "나는 뉴욕에 오고 나서 처음 몇 년 동안, 정기적으로 The NewYorker(뉴요커, 세련되고 세속적), The Atlantic(애틀랜틱, 중도적), Nation(네이션, 역사가 깊음, 세속적인 좌파), The Weekly Standard(위클리 스탠다드, 보수적이지만 박학한), The New Republic(뉴 리퍼블릭, 절충적이고 해박함), Utne Reader(유튼 리더, 뉴에이지 방식), Wired(와이어드, 실리콘밸리 자유주의), First Things(퍼스트 띵즈, 보수 가톨릭) 등을 꾸준히 읽었다. 잡지들을 읽으면서 저자들과 기독교에 대해 대화하는 모습을 상상한다. 그리고 거의 반드시 설교 아이디어를 스크랩하곤 한다."[61]

팀 켈러가 열거한 잡지 목록만 해도 그의 독서 폭이 얼마나 넓은지 알 수 있다. 켈러가 인용하는 권위자의 목록은 혀를 내두를 정도다. 그는 기독교 철학가, 사상가, 작가, 시인과 소설가, 예술 종사자와 과학자 등 현대 청중이 권위를 인정하는 다양한 분야에 속한 사람의 글을 읽는다. 그뿐만 아니라 이 시대를 살아가는 청중의 관심사(특히 그가 목회하는 리디머 교회가 소재한 뉴욕 맨해튼에 거주하는 청중의 세계관과 가치관, 삶의 관심사)를 이해하기 위해 뉴요커가 존중하는 사람의 저작을 읽는다.

◆

60) Ibid., 센터처치, 19.
61) Ibid., 센터처치, 377.

목회자요 신학자로서 탁월한 신학자의 글과 책을 꾸준히 읽는다. 켈러는 꾸준하며, 폭넓고 깊은 독서를 통해 시대의 흐름을 읽어 내는 탁월한 안목을 길렀다. 넓고 깊은 독서를 통해 현대 청중의 가치관과 관심사, 청중의 삶의 자리를 깊고 넓게 이해한다.

팀 켈러는 폭넓고 깊은 독서를 통해 청중의 마음, 관심사, 가치관에 공감하는 설교자가 되었다. 신학과 인문학, 현대인의 관심사를 두루 읽는 켈러의 설교는 현대 청중에게 더 쉽게, 더 깊게 다가가며, 더 깊고 넓은 영향을 끼치는 말씀 사건(Word Event)을 일으킨다.

존 스토트의 말처럼 성경과 청중의 두 세계를 자연스럽게 연결하는 설교자가 되었다. 우리도 다르지 않다. 그도 설교자이고 우리도 설교자이다. 설교자라면 누구나 읽어야 한다. 설교자는 성경을 읽고, 사람을 읽고, 시대를 읽고, 책을 읽는 사람이다.

Part 04

들리는 설교는
어떻게?

설교자는 청중이 이해할 수 있도록 말해야 한다. 본문에서 왜 이런 메시지를 끄집어냈는지, 설교가 지금 어디로 가고 있는지, 왜 그쪽으로 가는지 정확하게 말해 주어야 한다. 이에 더하여 청중이 이해하기 쉬운 언어로 말해야 한다. - 132쪽 중에서

36

이벤트 설교

먼저 오해는 금물이다. '이벤트 설교(Event Preaching)'라는 용어에 대한 의미부터 확실하게 정리할 필요성이 있다.

1) 말씀 사건으로서 이벤트 설교

한국 사회에서 '이벤트'라는 단어는 '깜짝 행사'나 일종의 '서프라이즈(Surprise)'의 의미로 사용된다. 여기서 말하는 이벤트는 그런 의미의 행사가 아니라 '말씀 사건(Word Event)'을 의미한다.

말씀 사건은 창세기의 창조 이야기에서 가장 먼저 나타난다. 성경은 말씀 사건으로 시작한다. 하나님께서 천지를 창조하신 사건을 보라. 하나님께서 말씀하시자 말씀이 실체가 되었다. 선포된 하나님 말씀이 이벤트가 된 것이다.

신약에서도 다르지 않다. 신·구약 성경에서 반복해서 나타난 말씀 사건은 하나님의 아들 예수 그리스도의 성육신(Incarnation) 사건에서 절정을 이룬다. 예수의 제자 사도 요한은 말씀이 육신이 되어 우리 가운데 거하셨으며, 그 말씀이 곧 예수라고 선언한다(요 1:1-14 참고).

성육신은 말씀 사건이 무엇인지 정확하게 보여준다. 선포된 하나님 말씀은 사라지지 않고 살아 역사하며 실체로 나타난다. 여기서 말하는 이벤트 설교는 말씀 사건에 근거를 둔다.

2) 창조적 말씀으로서 이벤트 설교

이벤트 설교는 '창조적 말씀(Creative Word)'이 가진 의미에 연결되어 있다. 말씀 사건은 창세기의 창조 이야기에서만 나타난 것이 아니다. 하나님께서 하나님의 사람을 통해 말씀을 선포하실 때마다 하나님 말씀은 선포된 그대로 성취되었다.

이런 맥락에서 이벤트 설교는 '말씀 사건'에 기초를 둔 '창조적 말씀'에 연결되어 있다. 따라서 이벤트 설교는 청중에게 사건으로 역사하는 하나님의 선포된 말씀을 의미한다.

3) 현대 청중의 삶의 변화를 이끄는 이벤트 설교

말씀은 처음부터 사건으로 나타났다. 살아계신 하나님 말씀은 오늘을 살아가는 청중에게도 사건으로 나타난다. 이벤트 설교는 현대를 살아가는 청중의 가슴에 들리는 설교, 현대 청중의 이야기로 다가가는 설교를 말한다.

다시 말해 이벤트 설교는 살아 역사하는 말씀으로 청중의 가슴에 들려 청중의 삶의 변화를 일으키는 설교를 뜻한다. 따라서 이벤트 설교는 말씀의 바른 해석에 토대를 놓을 뿐 아니라 청중과 적극적인 커뮤니케이션을 바탕으로 한다. 또한 청중의 삶의 자리를 충분히 이해하는 설교이며, 현대 청중에게 효과적으로 다가가는 설교를 뜻한다.

결론적으로 이벤트 설교는 말씀 사건(Word Event)과 창조적 말씀(Creative Word)에 뿌리를 둔 청중에게 들리는 설교, 청중의 가슴을 뜨겁게 만드는 설교, 청중의 삶을 변화시키는 설교를 의미한다.

37.
적실성을 강조하고 강조한다

'적실성' 또는 '적실하다'는 실제에 들어맞다는 뜻이다. 도날드 수누키안은 몇 번이고 반복하고 반복해서 설교의 적실성을 강조하고 강조한다.

그의 이야기를 들어보자. "적실성은 적용보다 넓다."[62] "적실성은 메시지가 어떻게 삶에 연결되는지 보여준다."[63] "적실성은 청중이 그 성경적 진리가 구체적인 상황에 어떻게 적용되는지 눈으로 '볼' 때 비로소 얻을 수 있다."[64] "일상적 세계 안에서 만나는 사람이나 사건 혹은 정황으로 '시각화'되기 전까지 메시지는 청중의 삶 가운데 자리 잡지 못한다."[65] "적실성의 생명은 상세함이다."[66]

적실성 없는 설교는 액자 속 만찬이며, 허공에 뜬구름과 다르지 않다. 메시지를 청중의 삶에 연결시키라. 어떻게 적용되는지 눈으로 보게 하라. 일상에서 경험하는 일로 시각화하라. 그때 비로소 설교는 적실성을 확보하게 되고, 청중에게 이벤트(사건)로 다가가게 된다.

◆

62) Donald R. Sunukjian, 성경적 설교의 초대(Invitation to Biblical Preaching), 채경락 역(서울: CLC, 2012), 163.
63) Ibid.
64) Ibid.
65) Ibid.
66) Ibid., 163.

38

청중에게 적용을 위한 아홉 가지 질문

적실성은 적용을 통해 완성된다. 반복해서 강조하고 또 강조하지만 청중은 스스로 적용하지 않는다. 적용은 설교자의 몫이다. 적절한 적용을 통해 적실성을 확보해야 설교는 오늘을 살아가는 청중에게 이벤트가 된다. 청중에게 적실한 적용을 위해 필요한 아홉 가지 질문이 있다.

1) 따라야 할 모범이 있는가?

2) 피해야 할 죄가 있는가?

3) 붙잡아야 할 약속이 있는가?

4) 드려야 할 기도가 있는가?

5) 순종해야 할 명령들이 있는가?

6) 구비하여야 할 조건이 있는가?

7) 외워야 할 구절이 있는가?

8) 고쳐야 할 교리적인 오류가 있는가?

9) 직면해야 할 도전이 있는가?[67]

가끔 그런 말을 듣는다. "성경을 잘 해석해서 가르치면 된다. 적용은 듣는 사람이 각자 알아서 해야 한다." 과연 그럴까? 브라이언 채플은 전혀 다르게 말한다. "적용이 없다면 설교자가 설교할 이유가 없다."[68] 류

---

67) Howard G. Hendricks, William D. Hendricks, 삶을 변화시키는 성경연구(Living by the Book), 정현 역(서울: 디모데, 2000), 395-400.

68) Bryan Chapell, 그리스도 중심의 설교, 300.

응렬은 이렇게 말했다. "개혁주의 노선에 있는 사람은 반드시 적실한 적용을 제시해야 한다."[69]

지혁철은 말한다. "적용이 없는 설교는 앙꼬 없는 찐빵과 같다." 적용은 청중의 몫이 아니라 설교자의 책임이다.[70] 적실한 적용이 풍성한 설교를 위해 하워드 헨드릭스와 윌리엄 헨드릭스가 제공한 적용에 필요한 아홉 가지 질문을 설교자는 기억하고 있어야 한다. 그때 설교는 앙꼬 가득한 찐빵이 된다.

39.
상세함이 적용의 생명이다

적용은 구체적이어야 한다. 적용은 삶 속으로 연결되어야 하며 확장되어야 한다. 적용은 상세한 상황을 제시해야 한다. 모호한 적용은 적용이 아니며, 상세함이 떨어지는 적용은 설교를 이벤트화 하지 못한다. 적용을 시각화 하고, 적용을 그림으로 그려서 보여주어야 한다. 적실성의 생명은 상세함이다. 수누키안은 구체적인 그림이 없이는 청중에게 아무 일도 일어나지 않는다고 말한다. 구체적인 그림, 상세함에 적용의 생명이 있다고 주장한다.[71]

◆
69) 류웅렬, 개혁주의 강해 설교가 나아가야 할 다섯 가지 방향, 신학지남 72(3)(2005, 9), 221-223.
70) Donald R. Sunukjian, 성경적 설교의 초대, 143. 수누키안은 청중이 스스로 적용하는 경우는 통상 기대하기 어렵다고 말한다. 한걸음 더 나아가 그는 적실성을 통해 경건한 삶이 구현되기 위해서는 다른 누구도 아닌 설교자가 적용을 해주어야 한다고 말한다.
71) Donald R. Sunukjian, 성경적 설교의 초대, 159-163.

40.

예화는 진리를 명료하게 한다

예화는 설교를 명료하게 한다. 전원호 목사는 예화가 설교의 창문과 같다고 말한다. 그 창문을 통해 빛이 들어오고 신선한 공기가 들어와서 설교를 더욱 명확하고 분명하게 할 뿐 아니라 생동감을 줄 수 있다고 말한다.[72] 예화는 진리를 명확하게 드러낸다. 그러나 예화는 적용이 아니다. 예화는 청중의 삶의 현실과 관계가 없다. 적용이 청중의 삶과 직접적인 관계가 있다. 예화는 진리를 명료하게 하고 적용은 명료화된 진리를 청중의 이벤트로 만든다.

41.

다리 놓기 (1)

설교를 통해 성경의 진리를 보여주는 것은 아무리 강조해도 지나치지 않다. 설교를 통해 청중에게 성경의 진리를 보여주는 것보다 더 중요한 것이 있을까?

놀랍게도 있다. 설교를 통해 성경의 진리가 현대 청중의 삶에 어떻게 연결되는지 보여주는 것이다. 성경의 진리와 현대 청중 사이에 다리를 놓는 것이다. 그때 비로소 설교는 청중에게 이벤트로 다가간다.

◆

72) "전원호 목사와의 인터뷰" 대담 지혁철(광주, 2020. 11월).

42.

다리 놓기 (2)

설교란 성경을 가르치는 것이 아니라 성경의 진리가 청중의 삶에 어떻게 연결되는지, 어떻게 들어맞는지 가르치는 것이다.[73] 수누키안은 설교자의 궁극적 목적은 사람에게 성경을 가르치는 것이 아니라 성경이 말하는 것이 어떻게 그들의 삶에 맞아 들어가는지를 가르치는 것이라 주장한다. 이 지점이 사라지면 적실성을 찾아볼 수 없는 공허한 지식이 된다고 말한다. 그렇다. 적실성이 사라지면 청중에겐 공허함만 남는다.

43.

다리 놓기 (3)

설교의 목표는 삶의 변화이다. 류응렬은 청중의 삶을 변화시키는 설교가 울려 퍼져야 한다고 주장한다. 청중이 그리스도인이 아니라면 구원의 메시지로 다가가야 하고, 청중이 예수 안에 있는 자라면 온전한 그리스도인의 삶을 향한 메시지로 다가가야 한다고 주장한다.[74]

청중의 삶의 변화를 이끌어 내기 위해 설교는 모름지기 청중의 이벤트가 되어야 한다. 설교가 청중의 삶에 사건으로 다가갈 때 비로소 삶의

◆
73) Donald R. Sunukjian, 성경적 설교의 초대, 163.
74) 류응렬, "적용이 살아야 설교가 산다," 3인 3색 설교학 특강(서울: 두란노, 2010), 126.

변화가 일어나기 때문이다. 청중의 변화를 이끌어 내기 위해 설교는 청중의 삶과 직결되어야 한다.

삶의 변화를 이끌어 내기 위해 설교자는 성경 본문의 해석을 들려주는 것에서 멈추면 안 된다. 본문 속에 나타난 하나님의 은혜가 무엇인지 청중의 삶에 대해 본문이 무슨 말씀을 하는지 들려주고 깨우쳐 주어야 한다.

이런 맥락에서 볼 때 삶의 변화는 협박이나, 공포 또는 두려움이 아니라 하나님의 은혜에서 시작하고 하나님의 은혜로 완성된다.

44.
낯설게, 명료하게

설교가 끝나면 모든 청중이 설교자가 무슨 말씀을 전했는지를 분명하게 대답할 수 있어야 하며, 설교가 시작될 때는 모든 청중이 설교자가 무슨 말을 할 것인지를 전혀 예상할 수 없어야 한다. [75]

한국 교회 강단에서는 반대 현상이 일어난다. 본문과 제목을 보면 설교자가 무슨 말을 할지 대략 짐작할 수 있다. 예상은 빗나가지 않는다. 아이러니하게도 설교가 끝나면 무슨 말씀을 들었는지 기억하지 못한다.

◆
75) 워드 비처와 제임스 블랙이 공저한 설교의 신비(Mystery of Preaching)에서 가져온 문구다. Michael J. Quicke, 전 방위 설교(360-degree Preaching), 이승진 역(서울: CLC, 2012), 311에서 재인용

문학가이자 인문학을 가르치는 지인에게 글을 어떻게 써야 할지 물어본 적이 있다. 잠깐 생각에 잠긴 그는 이렇게 말했다. "목사님, 글은 낯설게 써야 합니다. 익숙한 내용을 낯설게 표현하면 관심을 끌어당길 뿐 아니라 마음에 오래 남습니다."

글로 시작하는 설교도 마찬가지다. 해 아래 새것 없다는 말은 설교에도 동일하게 적용된다. 설교자들이 하는 설교의 핵심 내용은 새것이 아니다. 그렇다고 항상 낡은 것으로 남을 수밖에 없는 것도 아니다.

낯설게 하면 된다. 뻔한 내용을 뻔~하지 않게 설교해야 한다. 설교를 시작할 때 청중이 기대감을 가질 수 있게 해야 한다. 설교를 마치고 집으로 돌아갈 때는 분명한 메시지를 들고 가야 한다.

사람의 마음을 딱딱하게 만들고 정신을 산만하게 만드는 시대다. 소비주의 정신이 청중의 삶에 융단폭격을 가하고 포스트모더니즘이 청중의 의식과 사고를 물들인 시대이다. 이런 힘겨운 시대를 살아가는 청중에게 다가가기 위해 모든 설교는 낯설게 시작하고 분명하게 마쳐야 한다.

고맙게도 이전에 사역하던 교회에서 몇몇 성도께서 이렇게 말씀해 주셨다. "목사님, 목사님이 설교하실 때는 이 본문으로 어떻게 설교하실지 감을 잡을 수 없어요. 항상 예상을 벗어나거든요" 설교 후에는 종종 이런 말을 듣곤 했다. "목사님, 성경을 다시 읽어야겠어요. 그런 의미가 숨어 있는 줄 몰랐어요." 고마운 일이다. 나의 설교 여정을 읽었다면 이 말에 동의할 수밖에 없지 않을까? 기적은 일어난다!

45.

듣게 하고 들리게 하라

말을 한다고 모두 들리는 것이 아니다. 정상 청력이라면 들을 수 있겠지만 들린다고 해서 다 듣는 것은 아니란 말이다. 들리게 말해야 들을 수 있고, 무슨 말인지 잘 알 수 있게 말해야 한다. 말이 들려야 내용을 이해하고, 이해한 내용이 마음에 닿는다.

설교자는 설교를 준비하는 사람이다. 오랜 시간 많은 연구를 통해 설교 원고를 쓰고 수정하고 보완하는데 애를 쓴다. 생각하고 연구하고 또 연구한다. 그러므로 설교자는 자신의 설교 원고를 이해하지 않을 수 없다.

청중은 어떨까? 설교를 준비하지 않았으며, 오랜 시간 생각하거나 연구하지 않는다. 설교 원고를 쓰거나 더 좋은 원고를 위해 퇴고 과정을 경험한 적이 없다. 설교자와 청중의 머릿속은 완전히 다를 수밖에 없는 것이다.

설교 전체를 이해하고 있는 설교자는 자칫 자신이 이해하듯이 청중이 이해했을 거라고 믿는 경향이 있다. 대단한 착각이다. 이것이야말로 '지식의 저주'인 셈이다. 청중은 설교자가 이해하는 만큼 알 리 없고, 설교자가 왜 그런 생각을 했는지, 설교의 구성을 왜 그렇게 전개했는지, 그러한 과정을 어떤 기준으로 어떻게 연결했는지 모를 수밖에 없다.

그러므로 설교자는 청중이 이해할 수 있도록 말해야 한다. 설교 본문에서 왜 이런 메시지를 전달하고자 했는지, 설교가 지금 어느 방향을 향하고 있는지, 왜 그래야 했는지 청중이 이해하기 쉬운 언어로 들리도록 말해야 한다.

설교자이자 목사에게는 익숙한 언어가 있다. 이를테면 병행 구절, 고대 근동 같은 단어들이다. 성경 인물의 경우, '요셉'을 야곱의 아들이라고 말하는지, 마리아의 남편이라고 말하는지 명시하지 않을 경우도 있을 것이다.

그렇다면 초신자인 경우 더욱 구별하기 어렵고, 성경말씀을 잘 아는 성도라고 해도 헷갈릴 수 있는데 그다지 염두에 두지 않는다면 불찰이다. 설교자에게 익숙한 단어나 지명, 또는 성경 인물의 이름 등에 대해 이 정도는 성도들이 이해할 거라고 간과하는 것은 금물이다.

목사의 설교 언어가 청중에게는 낯설고 아주 익숙하지 않을 수 있는 것이다. 가능하면 설교는 일상 언어로 알기 쉽게 풀어내야 한다. 설교자가 청중의 자리에 서 있을 때라야 청중이 듣는 설교가 되고 청중에게 더 잘 들리는 설교자가 될 것이다. 모든 설교가 들리는 설교일 때 청중과 설교자의 공감 영역이 넓어지고 소통하고 교통하게 되지 않을까.

46.
지식의 저주에서 벗어나기

첫 유학 시절에 가끔 아내와 함께 했던 놀이가 있다. 한 사람이 머릿속으로 노래를 부르면서 손가락이나 손바닥으로 그 노래에 맞춰 리듬을 치면 다른 사람은 그 리듬을 듣고 어떤 노래인지 맞추는 놀이이다.

조건이 있다. 너무 어려운 노래나, 자기만 아는 노래는 안 된다. 누구나 다 아는 노래, 이걸 못 맞출 수는 없다고 생각하는 노래를 선곡한다. 충격적이었다. 나는 아내가 도대체 무슨 노래를 부르는지, 손바닥으로 어떤 리듬을 따라 치는지, 거의 맞추지 못했다. 아내가 나보다 조금 낫긴 했지만 아내 역시 낙제를 면하지 못했다. 도대체 어떻게 그럴 수 있는지 이해하기 어려웠다.

나중에 알게 된 사실이 있다. 과학자들이 아내와 내가 했던 놀이로 실험을 했다는 사실이다. 누구나 아는 노래, 모든 사람이 다 아는 노래, 이 노래를 맞추지 못할 리 없다고 생각하는 노래로 실험을 했다고 한다.

이 결과에 위로를 얻었다. 내가 바보가 아니라는 사실을 확인했으니까. 이 실험을 통해 얻은 결과를 '지식의 저주'라고 부른다. 문제를 낸 사람은 답을 잘 안다. 너무나 잘 안다. 어떻게 이걸 모를 수 있나? 라고 생각한다. 모른다면 정상이 아니라는 확신까지 가질 수 있다. 문제를 푸는 사람은 온갖 상상력을 다 동원해도 문제를 맞히지 못한다.

이유는 간단하다. 문제를 낸 사람의 머릿속을 들여다보지 못하고, 문제를 낸 사람 역시 자신의 머릿속을 보여주지 못하기 때문이다. 소통이 안 된다. 설교도 다르지 않다. 설교를 준비한 사람은 다 안다. 왜 이 본문을 선택했는지, 이 본문에서 왜 이 메시지를 끌어냈는지, 무슨 말을 하고 싶은지 너무나 자세하고 정확하게 안다. 내가 이 정도로 안다면 청중이 모를 리 없다고 믿는다. 철썩 같이 믿는다.

하지만 청중은 설교자의 머릿속을 들여다 볼 수가 없다. 도대체 왜 이 본문을 선택했는지, 왜 그 본문에서 그 메시지를 끌어냈는지, 진짜로 하고 싶은 말은 무엇인지 아무것도 모른다. 어쩌면 온갖 상상력을 다 동원해서 성경 배경 지식이나 그간 공부하거나 들었던 내용을 다 수집해서 추측하고 생각할 따름이다.

지식의 저주 때문에 설교자는 단순하게 말해야 한다. 구체적이고 논리적으로 말해야 한다. 논리적 비약을 일으켜 청중으로 하여금 딴 세상을 헤매게 하거나, 설교를 따라오지 못하게 하거나, 중도 포기하게 해서는 안 된다. 방향 전환이 있다면 미리 알려주어야 한다. 설교자는 지식의 저주를 저주해야 한다.

47.
과녁을 명확하게 하기

과녁을 정확하게 아는 일은 무척 중요하다. 책이라면 독자층이 명확해야 하며, 세일즈맨이라면 판매하는 물건을 잘 알아야 할 뿐 아니라 판매 대상이 누구인지 분명히 해야 한다. 초등학생이 대입 문제집을 살 리는 없지 않겠는가.

설교의 과녁은 무엇일까? 성경의 본래 의미를 밝히 드러내는 것을 과녁이라 말할 수 있다. 하지만 성경의 본래 의미를 밝히 드러내는 것은 설교라기보다는 강의라고 해야 한다.

설교의 과녁은 청중이다. 더 구체적으로 말한다면 청중의 삶의 변화이다. 설교자는 청중에게 청중의 삶의 변화를 바라고 기대하며 설교한다. 설교자는 사물이 아닌 인격체로서 청중을 이해해야 한다. 청중을 알아야 하고, 청중과 인격적 관계를 깊고 풍성하게 맺어야 한다. 청중과 친밀함을 쌓아 나갈 때 비로소 정확하게 맞힐 수 있다.

굴욕 당하기

굴욕 당하기를 기록하는 일은 쉽지 않다. 부끄러운 과거를 대면해야 하기 때문이다. 꾹꾹 눌러 담아 마음 한구석 어딘가에 넣어두었는데 그 아픈 기억들이 빛을 보게 되었다. 이 글은 블로그에 기록하고 있었다. 이것이 나의 설교 여정에 있어 마지막 굴욕 당하기라면 더없이 좋겠다.

미국 유학에 올랐던 때였다. 미국 텍사스 달라스에서 낯선 삶이 시작되었다. 낯선 삶만큼이나 사역도 낯설게 시작했다. 달라스에 있는 교회였다. 사역을 할지 말지 생각해 보고 결정하자고 했는데 인사하는 그날 담임 목사님이 사역하기로 했다고 공개적으로 광고해 버렸다. 몹시 당황스러웠다.

사역한 지 얼마나 지났는지 기억나지 않는다. 토요일 새벽 기도가 있었는데 교역자들이 돌아가면서 설교했다. 문제의 그날, 내가 설교한 날이었다. 어떤 본문으로 어떻게 설교했는지 기억하려고 애써도 기억나지 않는다. 내 생각에는 꽤 괜찮게 설교를 했던 것 같다. 적당한 시간, 새로운 통찰, 적절한 묵상과 도전으로 잘 버무려진 새벽 설교였다. 이건 전적으로 나의 생각임을 밝힌다.

사건은 토요일 아침 교역자 회의 직전이었다. 그날은 담임 목사님이 교역자 회의를 햄버거 가게(Chick-fil-A)에서 하자고 했다. 좋아하는 가게여서 기분이 좋았다. 그런데 목사님이 내 차를 타겠다는 것이 아닌가. 문제 될 일은 없다고 생각했으나 착각이었다.

잠깐 주위를 살피던 조수석에 앉은 담임 목사님은 교역자들이 떠나는 것을 확인하신 후, 주변에 아무도 보이지 않자 대뜸 소리를 질렀다! "내가 이 교회를 개척한 후로 14년 동안 화가 나서 기도를 못한 적은 오늘이 처음이야. 기도도 못할 정도로 화나게 한 사람은 네가 처음이라구." 당혹스러웠다.

무슨 말을 해야 할지 몰랐다. 죄송하다고 하면서 머리를 조아렸다. "설교 내용이 나빠서? 아니야. 태도가 나빠서? 아니야. 어떻게 찬양 인도한다는 사람이 그래!" 마침 손에 들고 있던 레터 용지를 입술에 대더니 퍼! 퍼! 퍼! 퍼! 거친 호흡을 내뱉으셨다. 내가 마이크를 그렇게 쓴다는 것을 시연하였다.

"무슨 소리를 하는지 알아들을 수가 없어. 어떻게 마이크를 그 따위로 써!" 잠깐 멈추셨다가 다시 토해 내셨다. "내가 울화통이 치밀어 강대상에 올라가 마이크를 빼앗고 싶었다구. 죽을힘을 다해 참았어. 앞으로 그 따위로 마이크를 쓰면 설교 시간이고 뭐고 끄집어 내릴 줄 알아!"

슬펐다. 마음 아팠다. "제가 마이크를 그렇게 사용한 줄도 미처 몰랐습니다. 주의하겠습니다. 죄송합니다." 교회를 개척하고 지금까지 숱한 우여곡절을 겪으면서도 기도하셨다는 분인데 오늘 나 때문에 기도조차 못하셨다니 할 말이 없었다. "다른 교역자들에겐 아무 말도 하지 말도록 해!"

짧은 설교 여정에서 가장 가슴 아픈 시간이었다. 일주일이란 시간이 흐른 후 교역자들에게 조심스레 물었다. "지난주 새벽기도 시간 제가 설교할 때 마이크 소리가 거슬렸습니까?" 다들 아니라고 했다. 아니, 기억도 못하는 것 같았다.

나중에 존경하는 여 전도사님이 찾아와 무슨 일 있냐고, 무슨 일인지 말해 줄 수 있냐고 물으셨다. 자초지종을 말씀드리자 뜻밖에 말씀을 들려주었다. "아, 지 목사님이 마이크를 잘못 써서 그런 거 아니에요. 예전 부목사님 한 분이 설교를 잘했어요. 그분이 성도들 데리고 나간 일이 있어요. 그 후로 부목사가 잘한다 싶으면 저래요. 신경 쓰지 마세요." 전도사님이 내 손을 잡아주며 툭 한마디 덧붙인다. "힘들죠? 이런 말 하면 안 되는데 설교 잘하지 마세요. 안 그러면 목사님 너무 힘들어요." 잘해 봐야 얼마나 잘했을까. 세심한 전도사님께서 굴욕당한 자를 위로하기 위해 하신 말씀일 것이다.

글을 쓰니 그때 기억이 새록새록 돋아난다. 그 시간 그 장소 그 분위기 그 표정 그 말투까지. 복기하는 일 자체가 쉽지 않았다. 그때 그 감정이 슬그머니 고개를 쳐들었다. 시간이 흘러서인지 그 전도사님의 따뜻한 위로때문인지 이전 같진 않다. 뭐랄까 아프지만 좋은 추억이 된 듯하다. 무엇보다 글로 써 버렸으니 이제 툭툭 털고 앞으로 나아가자.

복음의 상황화

이번 PART 4에서 나는 '이벤트 설교'라는 용어를 사용했다. 우리 정서상 '이벤트'라는 단어는 오해를 불러일으키기 쉽다. 이벤트의 의미를 설명해야 할 필요가 있겠다. 이 단어는 '깜짝 놀라게 하는 기획'이나 '특별한 기념' 또는 연인들 사이에 종종 일어나는 생일 파티나 결혼 프로포즈를 연상할 수 있다.

그러나 설교학에 관심이 있는 설교자라면 이벤트 설교는 새 설교학의 중심 인물, 즉 프레드 크래독(Fred Brenning Craddock, Jr.), 유진 로우리(Eugene L. Lowry), 데이비드 버트릭(David G. Buttrick) 같은 학자들을 떠올리기에 충분한 용어일 것이다. 이벤트 설교에 대한 해설은 앞서 충분히 설명한 바 있다. 필요하다면 그 부분을 한 번 더 읽어보는 것도 좋을 것이다.

청중의 가슴에 들리는 설교에 대해서 팀 켈러에게 주목할 필요가 있다. 팀 켈러는 뉴욕 맨해튼 한복판에서 회의주의자의 가슴에 들리는 설교로써 그들의 삶을 변화시키는 탁월한 설교자이기 때문이다. 팀 켈러는 현대를 살아가는 청중에게 들리는 설교를 위해 말씀을 상황화해야 한다고 주장한다. 그는 영국의 문학 이론가이자 비평가인 테리 이글턴(Terry Eagleton)을 인용하면서 종교에 대해 적대감보다 무관심을 보이는 사람들의 숫자가 점점 늘어나고 있다고 말한다.[76]

이글턴이나 켈러에 따르면 현 시대는 종교나 신에 대해 굳이 관심을 두지 않는 사람이 점점 늘어나고 있다. 이 시대의 특징을 한마디로 말하긴 어렵지만 소비사회, 피로사회, 포스트모더니티라는 점에는 이견이 없다.

포스트모던 시대를 살아가는 청중은 절대 권위를 인정하지 않는 경향이 강하다. 수천 년 전 기록된 성경이 오늘의 복잡다단한 현실과는 동떨어졌다고 생각한다. 많은 경우 성경에서 청중의 삶에 다가가기 위한 교훈이나 가르침을 성경에 직접적으로 찾기도 어려운 것이 사실이다. 이와 같은 이유로 팀 켈러는 현대를 살아가는 청중에게 다가가기 위해 복음을 상황화 하는 일이 필수라고 말한다.

먼저 켈러가 말하는 상황화의 의미가 무엇인지 들어보자. "상황화는 사람들에게 그들이 원하는 것을 주는 것이 아니다. 오히려 특정 시기와 특정 지역에서 사람들이 삶에 대해 갖는 질문에 대해 그들이 이해할 수 있는 언어와 형태로, 그리고 그들이 힘있게 느낄 수 있는 호소와 논증을 통해서, 비록 그들이 듣고 싶어하지 않고 심지어 반대할

76) Timothy Keller, 팀 켈러의 설교, 128.

지라도 성경의 답을 주는 것이다. 건전한 상황화는 특정 문화에 대한 복음의 소통과 사역이 복음 자체의 본질과 독특성을 타협하지 않으면서 번역되고 적응되는 것이다."[77]

간단하게 말해 팀 켈러가 말하는 상황화란, 교회가 예수의 복음을 전하기 위해 얼마만큼 세상 문화에 참여해야 하는지를 설명하는 말이다.[78] 한국에서 열린 강연에서도 켈러는 이 점을 강조하면서 한국 교회가 복음을 가지고 사람들에게 접근하기 위해서는 한국 문화에 상황화 되어야 한다고 말했다.[79] 동시에 켈러는 복음을 상황화 하는 데는 지혜가 필요하다고 주장한다. 충분히 상황화 하되 지나치게 상황화 되지 않는 적절한 지점을 찾아내는 지혜이다.

이런 맥락에서 켈러는 상황화가 계획적이어야 한다고 말한다. 켈러는 "모든 복음 사역과 설교는 이미 특정 문화에 깊이 적응되어 있다. 그러므로 상황화를 계획적으로 하는 것이 무엇보다 중요하다. 우리가 복음 사역을 문화 속에서 타당하게 상황화 하는 방법들에 대해서 계획적으로 깊이 생각하지 않는다면, 우리는 무의식적으로 어떤 특정한 문화에 깊이 상황화 될 것이다. 그렇게 되면 복음 사역은 우리 문화에 너무 많이 적응되거나 너무 적게 적응될 수 있다. 양자는 결국 복음 메시지의 왜곡으로 나타나게 된다"고 말한다.[80]

미흡한 상황화는 복음이 문화적으로 이질적인 것이 되게 하며, 청

77) Timothy Keller, 센터처치(Center Church), 오종향 역(서울: 두란노, 2016), 189.
78) 전재훈 외, 팀 켈러를 읽는 중입니다(서울: 두란노, 2019), 67.
79) 스티븐 엄(편), 복음만이 모든 것을 바꾼다(서울: 두란노, 2019), 132-134.
80) Timothy Keller, 센터처치, 203-204.

중으로부터 멀찍이 떨어질 수밖에 없어서 결국 아무도 들으려 하지 않게 될 것이라 지적한다. 동시에 상황화가 과도해지면 복음의 실제 내용을 타협할 수밖에 없으며, 타협한 복음은 군중을 모을 수 있으나 아무런 변화를 일으킬 수 없다고 말한다.[81]

복음은 변하지 않지만, 복음을 전하는 방식은 언제나 문화에 따라 변할 수 있고 변해야만 한다. 이를 위해 설교자는 먼저 복음을 정확하게 이해해야 한다. 나아가 문화 속에 산재한 잘못된 신념들을 분석할 수 있어야 한다. 그때 비로소 설교자는 복음과 문화 사이에 다리를 놓을 수 있다.[82] 복음과 문화 사이에 다리를 놓을 때 설교는 현대 청중을 깨우는 이벤트가 될 수밖에 없다.

이런 맥락에서 볼 때 켈러의 상황화는 존 스토트의 두 세계 사이에 다리 놓기와 맥락을 같이한다. 켈러는 설교자로서 문화를 향해 설교할 뿐 아니라 문화에 다가가기 위한, 다시 말해 설교자로서 적절하게 상황화 하기 위한 여섯 가지 건강한 실천 원리를 제시한다.

첫째, 이해하기 쉽거나 익히 알려진 어휘를 사용하라.

둘째, 권위 있는 사람들의 말을 활용해 논지에 힘을 실으라.

셋째, 의구심과 반대 의견을 잘 이해하고 있음을 보여주라.

넷째, 기본적인 문화 내러티브에 도전하기 위해, 먼저 긍정하라.

다섯째, 복음을 제시할 때 문화의 압점들을 누르라.

여섯째, 복음으로 초대하라.[83]

◆

81) Ibid., 139.
82) 전재훈 외, 팀 켈러를 읽는 중입니다, 100.
83) Timothy Keller, 팀 켈러의 설교, 140.

현대 청중을 깨우는 팀 켈러의 설교를 이해하기 위해 이 여섯 가지 원리를 살펴보는 일은 필수적이다.

1) 청중에게 익숙한 단어를 사용하라.

켈러는 청중에게 익숙한 단어, 청중이 이미 잘 알고 있는 단어를 사용한다. 이는 마치 바울이 아레오바고에서 설교할 때 그 지역 사람들이 이미 잘 알고 있던 단어로 설교한 것과 맥락을 같이한다.

바울은 아레오바고에서 아덴 사람들의 문화를 존중하면서 설교했다. 그들의 관심사를 자극하고, 아덴 사람들이 쉽게 이해하고 알아들을 수 있는 언어로 설교했다. 설교자가 청중이 알아들을 수 없는 단어나, 이해하기 어려운 단어나, 의미가 모호한 단어를 사용한다면 청중의 마음과 관심은 흐트러질 수밖에 없다.

심할 경우 내가 왜 지금 이 설교를 듣고 있는지 회의감마저 들 수도 있다. 설교자가 사용하는 단어를 이해하지 못하면 설교자가 전하려는 핵심 메시지를 붙잡거나 이해하기 어렵다.

켈러는 이 시대를 살아가는 청중이 이해하기 쉬운 단어 또는 잘 알려진 어휘를 사용해서 설교한다. 팀 켈러가 개척한 리디머 장로교회는 뉴욕에 소재하고 있으며, 기독 신앙 배경이 없는 사람들이 상당수 출석하고 있다.

켈러는 이와 같은 청중에게 복음을 더 쉽게 설명할 뿐 아니라 청중에게 더 가까이 다가가기 위해 설교자는 일상 언어로 설교해야 한다고 주장한다. 리디머 교회가 자리 잡은 맨해튼에 살아가는 대다수 청중이 기독교가 자주 사용하는 용어에 익숙하지 않기 때문이다.

현대 청중은 기독교 용어에 익숙하지 않다. 신학적인 용어나 기독교 내부에서 자란 사람들에게 익숙한 단어를 사용하는 것은 청중을 무시한 처사가 될 수밖에 없다. 팀 켈러는 설교자들이 자주 사용하는 '해석학', '종말론적', '언약', '하나님 나라', '신학적' 같은 신학적인 용어를 쓸 때면 거듭거듭 설명해 주어야 한다고 했다. 이 단어에 대한 설명 없이 그대로 사용하면 신앙의 문외한이 혼란스러운 것은 당연하고, 기존 그리스도인조차 직관적으로 '신앙에 입문하지 않은 친구에게는 이 설교를 듣게 해서는 안 되겠구나' 하고 생각할 것이라고 말한다.

예를 들어 '언약'은 '율법과 사랑의 아름다운 조합' 또는 '단순 계약보다 친밀한 사랑의 관계, 단순한 관계보다는 더 단단하고 책임 있는 관계'로 설명할 수 있다고 말한다. 성경이 사용하는 언어를 청중이 쉽게 이해할 수 있는 언어로 바꾸는 작업이 필요하다는 의미이다.

이처럼 청중에게 낯선 성경 용어를 일정 분량으로 설명하고 난 후에야 비로소 매번 이 단어 전체를 설명하는 일을 하지 않아도 된다고 말한다. 켈러는 현대 청중에게 익숙한 단어, 청중이 이해하고 있는 단어를 사용해야 그들에게 더 쉽게 다가갈 수 있다고 주장한다.[84]

신약성경은 1세기 역사 속에서 태동했다. 구약성경은 훨씬 더 오래된 역사를 가진 책이다. 비록 손에 들고 있다 하더라도 21세기를 살아가는 청중과는 성경은 시간적 공간적으로 상당한 거리를 가지고 있다.

그러므로 성경을 현대 청중에게 설교하기 위해서 설교자는 설교

84) Timothy Keller, 팀 켈러의 설교, 140-141.

언어를 반드시 오늘날 청중의 언어, 청중에게 잘 설명된 언어, 청중이 잘 이해할 수 있는 언어로 바꾸어야 한다. 그때 비로소 설교는 이벤트가 되어 듣는 이의 관심과 생각을 사로잡을 수 있고, 강렬하게 마음을 파고들 수 있는 길이 열린다고 말한다.[85]

2) 청중이 인정하는 권위를 인용하라

현대 청중에게 다가가기 위해 청중에게 들리는 설교를 위해 켈러는 현대 청중이 인정하는 권위를 설교에서 자주 인용한다. 청중이 인정하는 권위를 사용하는 것 역시 사도 바울의 설교에서 찾을 수 있다.

사도행전에서 사도 바울은 다음과 같이 말한다. "우리가 그를 힘입어 살며 기동하며 존재하느니라. 너희 시인 중 어떤 사람들의 말과 같이 우리가 그의 소생이라 하니"(행 17:28). 여기서 너희 시인 중 어떤 사람들의 말과 같이 우리가 그의 소생이라는 말은 바울과 고향이 같은 길리기아 사람 아라투스(Aratus)의 시를 인용한 것이다.[86] 아라투스의 시는 이렇게 시작한다.

제우스와 함께 시작하자. 인간들이여, 결코 그를 떠나지 말자. 언급되지 않은 모든 길이 제우스로 가득 차 있다. 그리고 인간의 모든 시장이. 바다도 가득 차 있다. 그분으로. 그리고 항구들도. 모든 길에서 우리는 제우스와 연결된다. 우리는 진실로 그의 소생이기 때문이다.[87]

◆
85) Timothy Keller, 팀 켈러의 설교, 212.
86) F. F. Bruce, 사도행전 주석(The Book of Acts), 김장복 역(서울: 부흥과 개혁사, 2017), 444.
87) Ibid.

매튜 풀(Matthew Poole)은 사도 바울이 그들의 시인으로부터 어떤 권위를 끌어내고자 한 것이 아니라 그들을 한층 더 부끄럽게 만들고자 한 것이라고 설명한다.[88] 매튜 풀의 말처럼 사도 바울이 권위를 끌어쓰려는 의도가 없었을 수도 있다. 그럼에도 아라투스와 그의 글 자체가 당대 사람들이 인정하는 권위라는 데는 의심의 여지가 없다.

사도 바울처럼 켈러 역시 이 시대를 살아가는 청중이 인정할 수밖에 없는 권위를 인용한다. 켈러 스스로 고백했듯이 거의 모든 설교에서 그는 C. S. 루이스를 인용한다.[89] 루이스는 20세기 최고의 지성으로 불린다. 말 그대로 현대 청중이 인정할 수밖에 없는 권위를 가진 사람이다. 인류 역사에서 최고의 지성인 중 한 명이라 할 수 있는 조나단 에드워즈도 켈러의 단골손님이다.

켈러의 설교와 저서에서 톰 라이트(Tom Wright), 알리스터 맥그래스(Alister McGrath), 시몬느 베이유(Simone Adolphine Weil), 프레드릭 비크너(Frederick Buechner), 애니 딜라드(Annie Dillard), 레슬리 뉴비긴(Lesslie Newbigin), 앨빈 플랜팅가(Alvin Plantinga), D. A. 카슨(D. A. Carson), 리처드 보컴(Richard John Bauckham), J. R. R. 톨킨(J. R. R. Tolkien), 스캇 펙(M. Scott Peck), G. K. 체스터튼(G. K. Chesterton), 미로슬라브 볼프(Miroslav Volf), 프란시스 콜린스(Francis Collins), 리처드 도킨스(Clinton Richard Dawkins), 테리 이글턴, 플레너리 오코너(Flannery O'Conner), 빅토르 위고(Victor Hugo), 존 스토트 등 현대인들이 존중하는 권위자들을 다양하고 폭넓게 만날

◆

88) Matthew Poole, 매튜 풀 주석(Matthew Poole's Commentary), 정충하 역(경기 파주: 크리스천다이제스트, 2015), 207.
89) Timothy Keller, 하나님을 말하다(The Reason for God), 최종훈 역(서울: 두란노, 2017), 368.

수 있다.

이처럼 켈러는 청중이 인정하고 존중할 수밖에 없는 권위자를 인용하여 청중에게 다가감으로 청중이 귀 기울이게 하고, 마음으로부터 청중의 동의를 끌어낸다. 그의 설교가 청중을 깨우는 이벤트가 되는 이유 중 하나다.

3) 청중의 의심과 질문을 이해하고 존중하라.

켈러는 설교를 시작하면서 예화를 사용하지 않는다. 모든 설교에서 켈러는 예화가 아니라 현대 청중이 던지는 질문으로 시작한다. 가장 대표적인 저서가 『하나님을 말하다』이다. 리디머 교회 성도들과 예배를 드린 후 나누었던 대화를 바탕으로 만든 이 책은 대부분 현대를 살아가는 청중이 던지는 질문으로 시작한다.

켈러가 청중의 질문을 먼저 던짐으로 그가 이 질문을 이해하고 있으며, 공감하고 있다는 것을 잘 보여준다. 대표적인 질문은 이렇다. "기독교의 가장 큰 문제는 무엇이라고 보는가? 교리와 신앙 행위를 통틀어 무엇이 가장 마음을 불편하게 하는가?" 바로 배타성이다.

2004년 12월, 인도양 연안을 덮친 지진해일로 인해 25만 명 가량이 목숨을 잃었다. 이와 같은 사건 앞에서 켈러는 청중이 던지는 질문 "하나님은 어디에 있었는가?" "하나님이 정말 계시다면 선하지 않거나, 선하다면 그건 하나님이 아니지 않은가?"는 질문으로 시작한다.

인간의 자유에 관한 설교에서 "절대 진리를 주장하는 믿음은 자유의 적인가?"라는 질문으로 시작하며, "사랑의 하나님이 어떻게 인간을 지옥으로 보내실 수 있는가?"와 같은 질문으로 심판을 설교한다.

켈러의 변증설교를 담은 『하나님을 말하다』는 배타성, 악과 고통, 속박, 기독교의 불의, 심판, 과학과 기독교, 성경에 관해 현대 청중이 던지는 질문으로 시작한다.[90]

켈러가 묵직하고도 다양한 질문으로 설교를 시작하는 이유는 청중을 존중하기 때문이다. 현대를 살아가는 청중이 삶의 고난과 역경 앞에서 질문을 던지기 때문이다. 그들이 기독신앙에 문을 두드리거나, 예배에 참여하는 이유가 무엇일까? 그들이 가진 질문과 의심에 대한 대답을 찾기 위함일 것이다.

켈러는 현대 청중이 가진 의심과 질문을 가볍게 여기지 않는다. 그의 설교에서 켈러는 청중의 의심과 질문을 존중할 뿐 아니라 설교자로서 그가 청중의 의심과 질문을 충분히 이해하고 있음을 보여준다.

포스트모던 시대를 살아가는 현대 청중은 설교자와 성경의 권위를 무턱대고 존중하지 않는다. 시대정신에 깊이 물든 청중이라면 절대 진리를 부정할 것이다. 현대 청중에게 다가가기 위해 설교자가 먼저 청중의 질문과 의심을 존중해야 한다. 청중이 가진 믿음을 인정해 주어야 한다. 복음의 전달자요 설교자로서 켈러는 청중이 가진 질문과 의심, 청중이 가진 믿음에 민감하게 공감하는 능력을 가지고 있다.

켈러는 복음을 믿지 않는 것이 무엇을 의미하는지 잘 기억하고 이해하고 있음을 보여준다. 동시에 충분히 하나님의 존재와 사랑에 대한 믿음에 이를 수 있다는 입장을 굳건히 견지하고 있다.[91]

◆

90) 자세한 참고는 Timothy Keller의 하나님을 말하다(The Reason for God)을 보라.
91) Timothy Keller, 팀 켈러의 설교, 148.

켈러의 말을 들어보자. "의심과 반대를 다룰 때, 일관되게 이해하고 존중하는 태도를 가지고 임해야 한다. 그들의 목소리를 오래도록 열심히 들어 왔음을 보여줘야 한다. 속임수는 통하지 않는다. 오직 믿지 않는 사람들을 만나고 시간을 함께 보냄으로써 기독교를 비판하는 양질의 자료들을 두루 섭렵해야 한다. 우리는 그들의 질문과 관심과 희망에 대해 기꺼이 충분히 귀를 기울여야 한다."[92]

교회 공동체에 속하고, 함께 예배드린다고 해서 모두가 똑같은 신앙의 수준을 가진 것은 아니다. 차이가 있다. 게다가 모든 청중이 하나님을 향한 확신과 신앙을 가지고 있다고 전제할 수도 없다. 신앙을 탐색하는 사람, 기독 신앙을 갖기 위해 여정에 오른 사람들도 있다. 시쳇말로 시험에 빠진 사람들도 있을 수 있으며, 심지어 기독 신앙에 대해 회의하는 사람들도 있을 수 있다.

청중은 다양하고, 다양한 청중은 성경과 기독 신앙에 대해 질문할 수 있다. 그러므로 설교자는 반드시 청중을 존중하고 이해해야 한다. 청중이 던지는 질문과 의심을 존중해야 한다.

켈러의 설교는 이런 맥락에서 볼 때 활발한 소통에 가깝다. 팀 켈러의 설교 연구로 석사와 박사 학위를 받은 박두진은 팀 켈러의 설교는 일방적인 전달이 아니라 소통이라 진단한다. 보수적인 설교자들은 '청중은 들어야 한다'는 획일주의를 가질 수 있다. 하지만 지금의 청중은 '왜 우리는 들어야만 하는가?'라는 권위 이탈에 접어들었다고 말한다.

켈러는 권위 이탈에 접어든 청중에게 하나님 말씀을 알아듣게, 청

92) Ibid., 148-149.

중의 귀에 들리게 선포한다고 말한다.[93] 청중에게 말을 걸고, 청중의 관심사를 정확하게 진단한다. 그들의 의심과 질문을 존중하고, 그 의심과 질문의 배경이 되는 믿음마저 존중한다.

하지만 켈러는 청중의 질문과 의심을 존중하는데서 멈추지 않는다. 청중의 질문과 의심의 기초가 되는 믿음에 동의하되 그 믿음에 의문을 제기한다. 의문을 제기하면서 성경의 가르침으로 청중의 마음을 이끌어 온다.

예를 들어 켈러는 애니 딜라드의 『자연의 지혜』를 인용하여 청중이 가진 질문과 의심을 존중할 뿐 아니라 청중이 가진 믿음에 의문을 제기한다. "우리는 강자가 약자를 지배하는 게 지극히 자연스러운 자연 세계의 일부지만, 이것을 인간의 행동 패턴으로 받아들이는 것은 직관적으로 거부한다… 초자연적인 기준이 없다면, 우리가 무슨 근거로 자연 세계를 비정상 혹은 비자연적이라 판단할 수 있는가? 인간의 권리에 대한 우리의 신념이 단지 환상이라고 생각하지 않는다면, 강자에 의한 약자의 집단학살이 진정으로, 보편적으로 잘못된 일이라고 생각한다면, 이 세상 너머 어딘가에 도덕적인 절대 기준이 있음을 왜 믿지 않는가? 사람이 신적인 존재와 상관없는 자연의 산물이라면 동물 세상의 법칙을 인간 세상에 적용하는 것은 얼마든지 가능하다"고 말한다.

만약 동물 세상의 법칙을 인간 세상에 적용할 수 없다면, 이는 절대 기준이 있다는 것을 인정하는 셈이 된다. 이처럼 켈러는 청중의 질

93) 전재훈 외, 팀 켈러를 읽는 중입니다, 163.

문과 의심, 청중의 믿음을 존중하면서 청중이 가진 믿음에 도전한다. 더 나아가 대안으로 성경의 가르침을 제시한다.[94]

청중이 가진 믿음보다 성경이 제시하는 믿음이 훨씬 더 논리적이며, 신뢰할 만하다는 것을 증명한다. 청중의 의심과 질문을 깊이 이해하고 존중할 뿐 아니라 더 탁월한 대답으로 성경을 제시하는 그의 설교는 청중의 가슴을 깨우는 이벤트로 다가간다. 이런 맥락에서 볼 때 켈러의 설교는 선교적이다.[95]

4) 도전하기 위해 먼저 현대 문화를 긍정하라.

켈러는 설교에서 이 시대의 근본적인 문화 내러티브를 끌어들인다. 켈러가 말하는 문화 내러티브의 정의를 들어보자. "문화 내러티브란 '모두가 아는' 것들, 너무나 자명한 전제들이어서, 그걸 품고 있는 사람들에게는 거의 보이지도 않고 의문의 여지도 없는 것들이다. 그것들은 보통 슬로건이나 풍자적인 상투어들로 표현되는데, 대체로 논쟁에 종지부를 찍을 때 사용된다. 논의할 여지가 없는 것으로 생각되는 말들이다. 예를 들면, '모든 사람은 자기 나름의 의견을 가질 권리가 있다' 혹은 '너 자신이 되어야 한다' 등이다."[96]

켈러는 문화의 내러티브를 도전으로 여기거나 불편하게 여기는 것이 아니라 오히려 기회로 삼는다. 세속 문화의 내러티브를 면밀히 조사하면서 그 내러티브가 가진 문제점을 찾아내고, 문화 내러티브가

◆

94) Ibid., 151-152.
95) 전재훈 외, 팀 켈러를 읽는 중입니다, 164.
96) Timothy Keller, 팀 켈러의 설교, 154.

가진 문제점을 드러내면서 그에 상응하는 성경 주제와 교리와 진리를 제시한다.

켈러는 이런 접근을 '공감적 고발(Sympathetic Accusation)'이라고 부른 다.[97] 심판하시는 하나님에 대한 개념에 대한 켈러와 청중의 대화가 가장 대표적인 예시라 할 수 있다.

서구 사회에서는 '심판하시는 하나님'에 대한 개념을 받아들이지 못한다. 이에 대해 켈러는 왜 '용서하시는 하나님'의 개념은 불쾌하게 여기지 않는지 반문한다. 서구 사회에서는 지옥을 말하는 교리에 대해 불편하고 기분 나빠하지만 다른 뺨까지 돌려대며 용서하고, 원수를 사랑하라는 가르침은 쉽게 받아들인다.

하지만 켈러는 이런 태도가 보편적이며 세계적일 것이라고 단정하는 것은 대단한 오해임을 밝힌다. 전통사회에서는 다른 뺨을 돌려대는 일은 받아들일 수가 없다. 반면 하나님이 심판하신다는 교리는 아무런 문제가 되지 않는다는 사실을 청중에게 들려준다.

쉽게 말해 전통 사회에 속한 사람들에게는 서구인들이 매력을 느끼는 기독교의 가르침이 불편한 반면, 서구인들이 견디지 못하는 기독교의 교리나 가르침에 매력을 느낀다는 점을 드러낸다.

켈러는 청중과의 한 대화에서 서구 문화가 비서구 문화보다 우월하다고 생각하는지 묻는다. 질문을 받은 여인은 대번 아니라고 대답했다. 켈러는 다시 질문한다. "그러면 기독교에 반대하는 서구 문화의 논리가 다른 문화의 주장보다 더 타당하다고 보시는 이유는 뭘까요?"

◆

97) Ibid., 155.

켈러는 이와 같은 방식으로 서구 문화의 내러티브를 설교에 끌어들여, 성경의 가르침을 받아들이지 않으려는 태도가 합리적이지 않으며 오히려 더 편협하다는 점을 드러낸다.[98]

켈러는 세상 속에 살아가면서 청중이 인식하지 못한 채 받아들이는 문화 내러티브의 문제점을 드러낸다. 성경의 가르침을 받아들이기 거부하는 문화 내러티브가 편협하고, 합리적이지 않음을 드러내면서 성경이 가르치는 교리와 가르침에 대해 한 번 더 생각하게 만든다.

그의 설교가 이벤트로 다가가는 셈이다. 켈러의 이와 같은 설교 패턴은 자연스럽게 현대 청중이 살아가는 문화의 압점을 누르는 방식으로 연결된다.

5) 문화적 압점(Culture's Pressure Point)을 누르라.

켈러는 기독교나 하나님을 믿지 않는 자들이 가진 세계관에는 아픈 데가 있다고 말한다. 켈러는 바로 이 아픈 부분은 문화적 압점이라 부른다.[99]

켈러는 청중이 자연스럽게 받아들이고 있는 문화 내러티브가 무엇인지 말해 주고 청중의 문화 내러티브를 존중한다. 동시에 켈러는 청중이 가진 문화 내러티브가 청중을 아프게 하는 지점을 정확하게 찾아내고, 질문과 예화와 예들을 통해 그곳을 누른다. 청중이 가지고 있는 긴장을 더 아프게 만드는 셈이다.

◆

98) Timothy Keller, 하나님을 말하다, 128-129.
99) Timothy Keller, 팀 켈러의 설교, 157.

한걸음 더 나아가 문화 내러티브의 문제점을 파고들 때는 반드시 청중이 인정하는 권위자들, 지성인들의 이야기를 통하여 청중이 가진 신념의 근간을 흔들고 혼란스럽게 만든다.

청중이 가진 문화 내러티브를 존중하면서 동시에 문제와 한계를 밝힌 켈러는 바로 그 지점에서 기독교가 훨씬 더 매력적이며, 어떻게 강력한 해답을 제공하는지 보여준다. 예수의 복음이 제시하는 용서, 공동체, 의미, 만족, 정체성, 자유, 희망, 소명 등 무겁고도 묵직한 주제들로 문화의 압점들에 정면으로 적용한다. 즉 켈러의 설교는 기독교가 청중이 가진 소망, 청중의 내면의 열망과 이슈를 잘 설명할 뿐 아니라 진정한 의미에서 그들의 가장 깊은 열망을 완벽하게 성취하고 있음을 보여준다.[100]

청중이 살아가는 문화의 문제점을 밝히 드러낼 뿐 아니라 그 문제의 해답으로 복음을 제시하는 그의 설교는 청중에게 강력한 말씀 사건으로, 다시 말해 이벤트로 다가갈 수밖에 없다.

청중이 생각하는 '의미'를 예로 켈러의 설교를 분석해 보자.

세속주의에서는 삶의 의미를 외면한다. "삶의 의미가 무엇인가?" 만큼 근본적이고 중요한 질문은 없지만 현대 사상가는 이 질문 자체가 잘못되었다고 간주한다.[101] 삶 자체에 의미가 없다고 보기 때문이다.

21세기에 접어들면서 사람들은 '삶의 의미'라는 말에 더욱 거부감

◆
100) Ibid.
101) Timothy Keller, 답이 되는 기독교(Making Sense of God), 윤종석 역(서울: 두란노, 2018), 84.

을 느낀다. 의미를 기대하면 삶이 불편해지고 부조리해진다고 말한다. 켈러는 현대인들이 삶의 의미를 거부하는 이유가 무엇인지 진단한다.

"삶 자체에 의미가 있다고 말하려면, '바른 삶과 바른 존재'의 도덕적 기준을 전제하고 모두가 거기에 따라야 한다. 이는 어떤 하나의 바른 삶과 존재 양식이 존재한다는 뜻인데 그러면 삶의 방식을 우리 스스로 결정할 수 있는 자유가 사라진다. 삶의 궁극적 의미가 존재한다면 그 의미를 스스로 창출한 자유가 우리에게는 없다… 그렇게 본다면 삶의 궁극적 의미가 없다고 믿는 게 곧 해방이다. 모던 시대에 삶의 의미를 잃고 슬퍼했다면, 자유 시대인 포스트모던 시대에 우리는 그 개념 자체가 없어져서 후련하다고 말한다."[102]

청중은 삶이 의미가 없다고 가르치고 말하는 문화 내러티브 속에 살아간다. 삶에 의미가 있다는 말 자체가 속박이라 여긴다. 누구도 어떻게 살아야 할지 말해 줄 권리가 없기 때문에 스스로 의미를 만들어 내면 된다.

세속적 문화 내러티브에 따르면 세상과 인류의 목적이 없지만 덕분에 우리 스스로 자유롭게 목적을 창출할 수 있다.[103] 부여된 의미가 없기 때문에 스스로 의미를 만들고 부여하면서 살면 된다는 뜻이다.

켈러는 이 문화 내러티브가 가진 심각한 결함을 지적한다. 스스로 만들어낸 삶의 의미는 부여된 의미에 비해 덜 이성적이고, 덜 공동체

◆
102) Ibid., 89-91.
103) Ibid., 92.

적이며, 덜 영속적임을 논증한다. 스스로 만들어 낸 의미는 사람보다 더 큰 무엇과 연결되지 못한다. 실제 의미 자체가 없는 것과 같다.

이 땅에서의 삶이 우연에서 시작했고, 이 땅에서의 삶이 전부라면 어떤 삶을 살아간다 하더라도 문제될 것이 없다. 어떤 사람에겐 의미가 된다 하더라도 다른 어떤 사람에게는 아무런 의미조차 없는 셈이다. 무엇보다 부여받은 의미가 아니라 지어낸 의미는 지독스러운 개인주의를 양산할 따름이다.

개인이 의미를 지어내기 때문에 다른 사람의 의미나 가치를 평가 절하 할 수 없다. 틀렸다거나, 가치가 떨어진다거나, 편협하다고 말해서는 더더욱 안 된다. 공동체나 심지어 지구촌이 안고 있는 문제에 대해 그것을 문제라고 볼 수도 있고, 전혀 문제가 되지 않는다고 말할 수도 있다. 의미를 개인이 부여하기 때문이다.

빈민 문제, 전쟁 문제, 난민 문제, 지구의 환경 문제 등 지구촌이 끌어안아야 할 문제도 문제가 아니라고 말할 수 있다. 그렇게 말하는 사람을 비난할 수도 없다. 이처럼 개인이 의미를 부여하는 세상에서 공동체 의식은 약해질 수밖에 없다. 또한 지어내는 의미는 역경과 고난을 헤쳐 나갈 수 있는 자원을 제대로 공급하지 못한다.

개인이 삶에 의미를 부여한다면, 살아가면서 만나게 되는 고난과 고통, 즉 삶의 현실 앞에서 무너질 수밖에 없다고 켈러는 말한다.

켈러는 현대 청중이 가진 문화 내러티브의 문제를 다각적으로 드러낸 후 대안으로 기독 신앙을 제시한다. 기독교인의 삶이 풍성한 이유는 기독교가 의미를 부여하는 방식 때문이다.

기독교는 고난을 선한 것으로 간주하지 않는다. 하지만 기독교는 고난에도 의미가 있다고 해석한다. 고난을 통해 참된 변화가 일어나고, 고난을 통해 사람이 훌륭하게 빚어질 수 있다고 가르친다. 기독교인은 우주의 배후 의미이자, 삶의 이유가 알아가야 할 인격체이신 예수님이라고 믿는다. 예수께서 부여하신 의미때문에 기독교인은 이성적으로 생각할수록 삶의 의미를 더욱 풍성히 누리고, 삶의 의미가 공동체에 기여하며, 영속적임을 밝힌다.

한걸음 더 나아가 예수께서 삶의 의미를 부여하시기 때문에 고난과 시련이 있는 현실의 삶마저도 다른 시각으로 바라볼 수 있다고 설교한다.[104]

켈러는 청중이 받아들이고 있는 문화 내러티브를 인정할 뿐 아니라, 현대 문화 내러티브가 가진 한계를 누른다(켈러는 이것을 문화적 압점 누르기라 표현한다). 문화의 압점을 누르면서 현대 문화 내러티브의 한계를 극복할 수 있는 해답으로 성경의 가르침과 세계관을 제시한다. 즉, 현대 청중이 해결하지 못하는 문제의 해결자요, 해결책으로 예수를 제시한다. 다시 말해 켈러는 복음을 설교한다.

6) 복음을 설교하고 복음으로 초대하라.

팀 켈러는 우리의 선함을 매개로 해서 하나님으로부터 뭔가를 받아내려는 율법주의와 하나님 말씀과 명령에 순종하지 않고도 하나님과 관계를 맺을 수 있다는 반율법주의를 모두 거부한다.[105] 율법주의

◆

104) Ibid., 84-111.
105) Timothy Keller, 팀 켈러의 설교, 70-71.

와 반율법주의 모두 복음으로부터 떨어져 나갔기 때문이다.

로마서 1장 18-32절에서 사도 바울은 하나님의 율법을 무시한 이방인들이 하나님과의 관계가 끊어졌다는 것을 보여준다. 또한 바울은 하나님의 은혜에 의지하는 것이 아니라 율법을 지킴으로 하나님과의 관계를 유지하려는 유대인도 하나님으로부터 떨어져 나갔다는 것을 보여준다.

켈러는 사도 바울의 말씀을 복음의 빛에 비추어 해석한다. 율법주의나 반율법주의는 바깥에서 보기에는 엄청난 차이가 있다. 하지만 내면으로 들어가 보면 율법에 의존하는 유대인이나, 율법을 무시하고 외면하는 이방인이나 하나님으로부터 떨어져있기는 양쪽 모두 매 한가지다.[106]

설교자는 율법주의와 율법주의의 함정을 피할 뿐 아니라 율법과 복음의 참되고 바른 관계성을 알아야 한다는 윌리엄 퍼킨스(William Perkins)를 인용하면서 켈러는 다음과 같이 말한다.

"율법은 우리에게 복음의 필요성을 보여줄 수 있고, 우리가 믿음으로 하나님의 구원을 품은 후에는 우리를 구원하신 분을 닮아 가는 길을 알게 하고, 그렇게 되도록 도와주며, 자라게 하는 매개가 된다. 우리 설교가 복음의 선포와 연계 없이 단지 사람들에게 도덕적으로 선하게 살 수 있는 길을 일러주는 것에 그쳐서는 안 된다. 또 구원이 어떻게 우리 삶을 변화시키는지를 보여주지 않은 채, 단지 값없는 은혜로 구원받을 수 있다는 것만 거듭 반복해서도 안 된다."[107]

◆
106) Ibid.

켈러는 율법주의와 반율법주의를 치료하는 처방전은 동일하다고 주장한다. 예수의 복음이 처방전이다. 켈러의 설교는 하나님 자신과 그분의 영광스럽고, 자유로우며, 값진 은혜의 아름다움에 대한 새로운 조망으로 가득하다. 예수의 복음으로 율법주의와 반율법주의 모두를 치료한다.[108]

켈러의 주장처럼 예수 그리스도의 복음은 우리가 얼마나 사랑받는 존재인지 보여주기 때문에 우리를 당당하게 만든다. 우리의 노력으로 무언가를 획득하거나 증명할 필요가 사라진다.

복음은 무언가를 행하거나, 우리의 선함을 근거로 하는 율법주의를 치료한다. 동시에 예수 그리스도의 복음은 우리가 아니라 예수께서 행하신 일에 근거를 두기 때문에 우리를 겸손하게 만든다. 복음은 예수 그리스도가 우리를 구원하시기 위해 지불한 값비싼 사랑을 붙잡게 만들기 때문에 방종한 삶이나, 반율법주의적 삶을 치료한다.

켈러는 매번 복음을 선포한다. 다시 말해 성경 본문에서 매번 그리스도를 찾아내고 그리스도를 설교한다. 그가 모든 성경에서 그리스도를 설교하는 근거는 예수님 자신이 했던 말에 근거한다.

"이르시되 미련하고 선지자들이 말한 모든 것을 마음에 더디 믿는 자들이여 그리스도가 이런 고난을 받고 자기의 영광에 들어가야 할 것이 아니냐 하시고 이에 모세와 모든 선지자의 글로 시작하여 모든 성경에 쓴 바 자기에 관한 것을 자세히 설명하시니라"(눅 24:25-27)

◆
107) Ibid., 72-73.
108) Ibid., 78.

켈러는 예수님께서 하셨던 말씀에 닻을 내리고 그가 설교하는 모든 본문에서 예수님을 드러낸다. 청중이 가진 문제를 드러내고, 압점을 누른 후에 그 문제를 예수 그리스도로 해결한다. 복음을 선포하고, 예수 그리스도 중심의 설교로 청중의 시선과 마음을 예수에게로 이끈다. 예수의 복음이 현대 청중을 깨우는 가장 강력한 이벤트라는 것을 증명한다.

켈러는 여기에서도 신중의 신중을 기한다. 모든 본문에서 그리스도를 설교하지 않고 설교하는 경우와 본문을 설교하지 않고 그리스도만 설교하는 경우이다.[109] 두 갈래 길에서 균형을 잃지 않기 위해 설교자는 저자가 말하고자 하는 바를 찾아내고 거기에 시간을 투자해야 한다고 말한다.

켈러는 온전함을 잃지 않은 채 예수 그리스도를 설교할 수 있는 길이 있다고 확신하며, 설교를 통해 그 길을 가리키고, 설교자로서 그가 먼저 그 길을 여행하며, 청중으로 하여금 그 길을 여행하도록 이끈다.[110] 설교자와 청중 모두에게 들리는 설교는 가능하다.

◆

109) Ibid., 88-96.
110) Ibid., 95-96.

Part 05

사로잡는 설교는
어떻게?

설교는 소망을 주어야 한다. 비전을 제시해야 한다. 하나님 말씀에 순종할 때, 하나님 말씀을 따라 살아갈 때 세상이 어떻게 변할지, 어떤 일이 일어날지 상상하게 만들어야 한다. 설교를 듣고 나면 행복해야 한다. 설교의 기조는 소망으로 삼는 것이 좋다. 특히 결론에서는 반드시 소망을 제시하고 말씀에 직결된 비전을 제시하고, 실천하게 해야 한다. 우리의 삶은 소망의 말씀으로 변화되고 세상은 변화된 성도로 인해 변화된다. - 174 쪽 중에서

48.

과녁 정조준하기

복싱 선수는 상대방을 향해 펀치를 날린다. 양궁 선수는 과녁을 향해 활시위를 당기고 화살을 날린다. 기업은 이윤 창출을 위해 고군분투한다. 목표가 분명하다. 과녁이 명확하다. 목표가 불분명하면 과녁을 맞힐 수 없다. 과녁을 맞힐 수 있을지 몰라도 그건 우연일 뿐이다.

설교도 다르지 않다. 설교자는 설교의 목적을 분명히 해야 한다. 설교를 통해 맞히려는 과녁이 무엇인지 명확하게 설정해야 한다.[111] 과녁을 향해 정조준해야 한다. 그래야 과녁을 맞힐 가능성, 청중을 사로잡을 가능성이 높아진다.

49.

초점 좁히기

태양 빛을 돋보기로 압축하면 불을 피울 수 있다. 빛을 더 압축하면 쇠를 자를 수 있고, 사람을 살리는 수술 도구가 되기도 한다.

설교도 다르지 않다. 초점을 좁혀야 냉랭한 가슴에 불을 지필 수 있다. 초점을 좁혀야 마음의 굳은살을 잘라낼 수 있고 삶의 변화를 꾀할

◆

111) 여기서 말하는 과녁은 설교의 목표라고 할 수 있다. 필자는 설교의 목표를 삶의 변화에 두고 있다. 설교자의 설교 철학에 따라 과녁은 다를 수 있다.

수 있으며, 영혼을 살릴 수 있다. 설교의 초점을 최대한 줄히자. 청중을
사로잡을 수 있을 것이다.

50.

가지치기

　사람의 기억력은 한계가 있다. 집중력도 한계가 있다. 청중은 목사
가 한 모든 말을 기억하지 못한다. 다 기억하고 싶은 마음도 없을 뿐더
러 다 기억하고 싶어도 할 수 없다. 설교 준비의 핵심은 가지치기다. 초
점을 흐리는 가지는 아무리 좋아 보여도 쳐내야 한다.

　가지치기가 잘 된 나무가 좋은 열매 맺는 좋은 나무가 되듯이 가지치
기를 잘한 설교가 좋은 열매 맺는 좋은 설교가 될 수 있다. 많은 것을 가
르치려 하기 보단 오히려 적게 가르칠 때 청중을 사로잡고 더 많이 가르
칠 수 있다.[112)]

112) Andy Stanley, 성공하는 사역자들의 7가지 습관(7Practices of Effective Ministry), 윤종석 역(서울:
　　두란노, 2005), 137-157. 이 부분에서 앤디 스탠리는 적게 가르치는 것이 오히려 더 많이 가르치는
　　것이라고 다각적으로 증명한다.

51.
제목에 목숨 걸기

책은 제목이 중요하다. 목차 역시 중요하다. 목차를 보면 책이 어디로 흘러가는지 알 수 있다. 목차는 제목을 향해 흘러간다. 사람도 이름이 중요하다. 우리는 사람을 이름으로 기억한다. 이름은 그 사람에 관한 모든 것을 압축한다. 누군가의 이름을 들으면 그 사람 전체를 떠올리는 이유이다.

설교에서 가장 중요한 것은 제목이라고 해도 지나친 말은 아니다. 설교 제목은 설교가 어디로 흘러가는지, 목표가 무엇인지 보여준다. 설교 전체를 아우를 수 있는 제목을 뽑아낸다면, 그 제목을 설교 내용 안에 반복적으로 넣는다면, 성도들은 적어도 제목은 기억하게 된다.

제목을 기억한다면 전체 내용도 대략적으로 기억할 수 있다. 제목(이름)은 책, 사람 뿐 아니라 설교에서도 중요하다. 제목에 대해 조금 더 생각해 보자. 번역본은 종종 원제와 한글 제목이 다르다. 왜 그럴까? 책을 많이 팔기 위해서일 게다. 자극적인 제목, 호기심을 끌 수 있는 제목, 한국 독자의 관심사를 다룬 제목, 독자의 마음을 클릭할 수 있는 제목을 뽑아야 사람의 선택을 받을 수 있기 때문일 게다. 제목이 책의 미래를 결정한다고 해도 과언이 아니란 말이다.

설교 제목은 중요하다. 너무나 중요하다. 사람은 제목을 보고서 오늘 설교 내용을 상상한다. 물론 상상을 뛰어넘는 설교도 있고 상상보다 못한 설교도 있다. 그 모든 것이 제목에서부터 시작한다.

제목을 정하는데 방향성이 있을까? 있다. 뻔한 제목보다 함축적인 제목이 좋다. 명사형 제목보다 동사형 제목이 좋다. 너무 긴 제목보다 짧은 제목이 좋다. 설교의 내용을 담아내는 제목이라야 좋다. 경구처럼 반복할 수 있다면 금상첨화다.

제목은 진정한 필요나 관심을 담아내야 한다. 제목은 청중에게 무엇을 기대해야 할지를 말해주어야 한다. 제목은 무엇이 뒤따라 나올지 약속할 수 있어야 한다.[113] 다시 말하지만 제목은 사람, 책, 설교에 있어서 매우 중요하다. 아니 전부라고 해도 과언은 아니다.

52.
진정성에 목숨 걸기

진정성은 설교의 기본이자 핵심이다. 진정성이 결여된 대화, 진정성이 결여된 연기, 진정성이 결여된 사과, 진정성이 결여된 노래, 진정성이 결여된 설교, 어느 것 하나 들을 것이 못된다. 오히려 역겨울 따름이다.

설교는 그 어느 것보다 진실해야 한다. 진정성이 느껴져야 한다. 설교자가 믿지 않는 바를 설교하거나 진심이 담기지 않은 채 설교하는 것은 하나님에 대한 모욕이자 성도에 대한 모독이다.[114]

◆

113) Rick Ezell, 설교, 변하는 청중을 사로잡으라, 166.
114) 류호준은 현대 청중에게 설교할 때 가장 필요한 덕목으로 진정성을 꼽는다. 진정성 있는 설교가 청중의 가슴에 가닿고, 진정성 있는 설교가 울림이 깊다고 말한다. "류호준 교수와의 인터뷰" 대담 지혁철(광주, 2020. 5월).

53.
가치를 식별하기

값진 진주를 발견한 진주 장사꾼, 각 스포츠계를 이끌어 나갈 재목을 알아보는 안목, 대중을 사로잡을 수 있는 재능을 찾아내는 눈, 재목을 알아보는 눈에 상업계, 스포츠계, 연예계의 사활이 걸려 있다.

설교도 정확하게 이와 같다. 청중을 사로잡는 설교는 하나님 말씀 속에서 핵심 사상을 발견할 수 있는 안목에 사활이 걸렸다고 해도 과언이 아니다. 풍부한 독서와 상상력, 깊고 넓은 성경 읽기를 통해 가치를 식별해내는 능력을 길러 나갈 때 청중을 사로잡는 좋은 설교자가 될 수 있다.

54.
소통을 위한 뼈대 세우기

설교는 커뮤니케이션이다. 눈에 보이지는 않지만 설교는 활발한 커뮤니케이션이 일어나는 장이다. 원활한 소통, 공감적인 소통을 위해 설교 구조를 생각해 봐야 한다. 글을 어떻게 배치해야 더 공감할 수 있는지, 더 원활한 소통이 이루어질 수 있는지, 더 임팩트 있을지… 청중이 내 머릿속으로 들어와 내가 하는 말을 다 이해하리란 생각은 애초부터 집어 던져야 한다. 소통을 위해 설교의 뼈대, 즉 설교의 구조를 생각하면 더 좋은 설교의 길이 열린다.

55.

설교(說敎)는 설교(舌敎)다

설교(說敎)는 말씀을 가르치는 것이다.[115] 하나님 말씀을 가르치는 일이 설교다. 설교(說敎)는 설교(舌敎)라는 것을 명심하자. 혀로 하나님 말씀을 가르치기 때문이다. 말로 말씀을 가르친다는 사실을 망각하면 글로 가르치려 들게 된다. 설교가 어려워진다. 말하듯 가르쳐야 할 설교를 글 쓰듯 가르치려 들면 안 된다. 말과 글은 엄연히 다르다. 기억하라, 설교(說敎)는 설교(舌敎)다.

56.

엿보게 하기

여행을 떠나기 전에 으레 지도를 살펴본다. 어디로 갈지, 어느 방향으로 갈지 감을 잡기 위해서다. 낯선 땅을 여행하는 사람이라면 반드시 해야 할 일이다. 낯선 나라에서는 지도를 반복해서 보아도 어려울 수 있다. 정확하게 찾아가지 못하는 경우가 다반사다. 이것은 남 이야기가 아니라 나의 경험이 녹아든 부끄러운 고백이다.

요즘은 내비게이션이 있어서 편리하다. 내비에서 갈 장소를 검색하

◆

115) 류응렬은 설교가 전적으로 혀에만 달려 있는 것은 아니지만 설교(說敎)는 입으로 하기 때문에 결국 설교(舌敎)가 될 수밖에 없다고 강조한다. 류응렬, "성경적 설교와 전달"(강의, Fuller Theological Seminary, Spring 2017).

면 보여주는 첫 장면이 있다. 가야 할 곳의 대략적인 방향과 거리이다. 지도 또는 내비를 보면서 우리는 어디로 가야 할지, 얼마나 더 가야 할지 짐작할 수 있다. 지도를 통해 전체를 엿본다.

설교도 이와 같다. [116] 설교를 처음 시작할 때 청중으로 하여금 이 설교가 어디로 갈지 엿보게 해야 한다. 서론을 통해 설교의 방향과 길, 종착점을 힐끗 엿보게 하라. 기대감을 가지게 하라. 방향 감각을 가지게 하라.

설교를 시작할 때 엿보기를 통해 청중의 귀를 사로잡지 못하면 청중을 사로잡을 가능성은 현저히 떨어진다. 설교 중간에 잃어버린 청중의 관심을 끌어오려면 훨씬 더 큰 에너지가 필요하다. 청중을 사로잡는 설교를 위해 엿보기 법칙을 기억하자.

57.
매듭짓기

일이나 말에 끝이 없으면 지친다. 끝없이 말하면 듣는 사람은 귀를 닫는다. 청중을 사로잡기 위해 분명한 결말, 매듭짓기는 더없이 중요하다. 설교는 결론이 분명해야 한다. 오늘 설교를 통해 무슨 말을 하려는지 명확하게 밝혀주어야 한다. 분명한 결론으로 우리가 어디에 있었는

◆

116) Andy Stanley, 최고의 설교자를 만드는 설교 코칭, 154-171. 앤드 스탠리는 설교자에게는 설교 전체 지도가 있어야 함을 강조한다. 그가 가진 지도는 나(Me)-우리(We)-하나님(God)-당신(You)-우리(We)라는 구조로 되어 있고, 이를 따라 설교를 진행한다.

지 보여주고, 어디로 가야 하는지 알려주어야 한다. 결론으로 청중의 삶의 변화를 촉구하고 행동하도록 이끌어야 한다.

강단(Pulpit)에 오르기 전에 이 설교를 통해 하고 싶은 말, 전달하고 싶은 결론이 무엇인지 분명히 결정하고, 그것을 어떻게 말할지 명확하게 해야 한다. 무엇을 이야기 할지, 결론에서 그것을 어떻게 이야기할지 머리와 마음에 새기고 올라가라. 청중을 사로잡는 설교는 결론이 명확한 설교, 매듭을 잘 지은 설교다. 훌륭한 매듭은 보기에도 좋고 듣기에도 좋다.

58.
긴장과 이완의 리듬 타기

좋은 영화는 쉴 새 없이 긴장감과 속도감으로 가득 채우거나, 그 반대로 긴장감이나 속도감 없이 진행하지 않는다. 긴장감과 속도감만으로 가득 채우면 관람객은 피로감을 느낀다. 여유나 공간이 없기 때문이다. 긴장감과 속도감이 떨어진다면 영화를 보는 내내 연신 하품을 쏟아 내거나 꿀잠을 자고 나온다. 이처럼 좋은 영화나 소설에는 긴장과 이완이 늘 붙어 다닌다.

설교도 다르지 않다. 긴장감 없는 설교는 집중력 없는 설교다. 설교자는 긴장감을 만들어 내야 한다. 설교자가 긴장감을 조성하면 청중은 집중하게 된다. 과도한 긴장은 금물이다. 긴장감을 끝없이 고조시키면 짜증이 솟구친다. 반면 긴장감 없는 이완은 청중으로 하여금 질식하게 만든다.

설교자는 청중을 긴장하게 만들고 설교를 진행하면서 긴장을 해소(이완)시켜야 한다. 긴장과 이완을 적절하게 배합할 때 청중은 설교에 몰입한다. 팀 켈러는 복음, 즉 예수로 긴장을 해소한다. 부담이 없을 뿐 아니라 은혜가 되고, 새로운 희망을 준다.

긴장과 이완은 설교에서 빼놓을 수 없는 요소다. 설교자는 긴장과 이완의 법칙을 기억해야 한다. 설교로 청중을 긴장시키고, 복음으로 청중을 이완시키자. 청중을 사로잡게 될 것이다.

59.
Sad Ending, Happy Ending, Hope Ending

새드엔딩(Sad Ending)이란 이야기나 소설 따위가 슬프게 끝나는 형식, 또는 그런 이야기나 소설을 말한다. 가끔은 설교가 일종의 새드엔딩으로 끝나야 할 때도 있다. 무분별한 개발이나, 자연 착취, 환경 파괴, 전쟁과 테러, 지나친 소비주의와 배금주의 등 성경적 가치관에 반한 문제를 설교해야 한다면 책임감을 갖게 해야 한다.

그러나 설교의 기조는 소망이어야 한다. 설교를 듣고 난 후 집으로 돌아가는 청중의 발걸음은 희망차야 하고 힘이 있어야 한다. 매번 꾸짖는 설교를 듣거나, 매번 새드엔딩으로 끝나거나, 매번 엄격하고 두렵고 무서운 하나님만 설교하면 청중의 마음이 짓눌리게 되고 결국 삶이 짓눌리게 된다. 마음과 삶이 짓눌린 청중은 세상에 소망을 줄 수 없고, 세상을 변화시키지 못한다.

설교는 소망을 주어야 한다. 비전을 제시해야 한다. 하나님 말씀에 순종할 때, 하나님 말씀을 따라 살아갈 때 세상이 어떻게 변할지, 어떤 일이 일어날지 상상하게 만들어야 한다.

설교를 듣고 나면 행복해야 한다. 설교의 기조는 소망으로 삼는 것이 좋다. 특히 결론에서는 반드시 소망을 제시하고, 말씀에 직결된 비전을 제시하고, 실천하게 해야 한다. 우리의 삶은 소망의 말씀으로 변화되고 세상은 변화된 성도로 인해 변화된다.

설교는 새드엔딩보다 해피엔딩(Happy Ending)이어야 하고 해피엔딩을 넘어 호프엔딩(Hope Ending)으로 나아가야 한다.

Dream Come True

첫 풀타임 사역지는 서울에 있는 교회였다. 통영 촌놈이 부산을 거쳐 서울까지 진출하다니. 이 사실만으로도 내 자신이 대견했다.

그런데 부임하는 날, 공교롭게 부목사님 사임하는 날과 겹쳤고, 성도들에게 같이 인사하게 되었다. 인사한 후 제자리로 돌아와서도 별생각이 없었는데, 그건 나만의 생각이었다. 굴욕의 시간이었던 것이다. 부목사님 키는 185가 넘고 얼굴이 백옥 같았다. 170이 채 안 되는 키에 동남아 피부톤의 나와는 마치 바둑알처럼 선명한 흑백의 대비, 다윗과 골리앗을 떠올릴 키 차이! 이건 어디까지나 좋게 표현한 거다.

그렇게 서울 사역을 시작했다. 이 사건은 시작에 불과했다. 사역을 시작한 후 담임 목사님은 파격적인 일을 단행하였다. 수요예배는 2-3달씩 돌아가면서 목사님과 내가 번갈아 설교했다. 나중엔 수요예배는 주로 내가 전담했다. 금요기도회도 교대로 인도했다. 오후예배도 자주 시키셨다. 중고등부와 청년1, 2부도 담당하고 있었다.

한마디로 설교 폭탄을 맞은 거다. 난 최선을 다해 천천히 말하고, 또록또록 설교하려 노력했다. 무엇보다 투박한 경상도 사투리를 쓰지 않으려고 애썼다. 나는 분명 애썼다. 억수로 노력했다.

일 년 정도 지났을 때였다. 목사님이 새 가족 심방을 가자고 하셨다. 목사님께서 나를 소개하자 새 가족인데 나를 안다고 하신다. 어떻게? "지난 주 수요예배 때 참석했는데 설교 말씀을 못 알아들었기 때문입니다. 저는 전라도 광주 사람이고, 강도사님은 경상도 사람인 것 같습니다." 낯이 뜨거워 견딜 수가 없었다.

교회로 돌아왔다. 참으로 민망하고 부끄러웠다. 목사님이 먼저 이야기를 꺼내셨다. "지 강도사, 괜찮아. 자네가 모르는 이야기 더 해줄게. 처음 자네가 교회 사역을 시작한 후 한동안 성도들의 민원이 있었어. 당최 설교를 알아들을 수 없다고. 말도 빠르고 사투리도 심한 데다 발음도 시원찮은데 제발 설교 좀 덜 시키면 안 되냐고…. 난 좋다고 했어. 일 년 지났잖아. 이젠 다 알아들어. 지 강도사의 발음이 바뀐 건지, 성도들이 적응한 건지 모르겠지만. 다 알아듣잖아. 그때나 지금이나 난 좋아."

민망해 죽는 줄 알았다. 한편 목사님의 용기와 배려가 대단하다 생각했다. 지금도 종종 비슷한 말을 듣는다. "지 목사님은 말이 빠르고 발음이 약간(?), 그래서 못 알아듣는 부분이 있습니다."

놀라운 반전이 있다. 난 지금 광주에서 사역한다. 성도들 대부분이 나의 설교를 알아들으신다. 대부분이란 말이 보여주듯 안타깝게도 나의 사투리와 시원찮은 발음 때문에 알아듣지 못하는 분들도 있다. 대부분 알아들으신다는 말에 집중하자. 기적은 일어난다.

설교자는 커뮤니케이터

설교는 청중을 향한 선포이다. 동시에 설교는 청중과의 적극적인 소통이다. 설교를 청중과의 적극적인 소통의 측면에서 볼 때 앤디 스탠리는 주목해야 할 설교자라 할 수 있다.

앤디 스탠리는 청중과 활발하게 소통하는 설교를 추구한다. 그는 설교(커뮤니케이션)를 여행에 비유하면서 실제로 설교할 때 설교자는 반드시 청중을 데리고 여행을 떠나야 한다고 말한다. 만약 설교를 듣는 중에 청중이 엉뚱한 상상을 하고 있거나, 딴 생각을 하고 있거나, 심지어 천장의 무늬를 세고 있다면 설교자가 청중을 데리고 설교 여행을 떠난 것이 아니라, 청중을 내버려두고 설교자 혼자서 여행을 떠난 것이라고 말한다.[117]

설교자는 청중과 함께 설교 여행을 떠나면서 청중의 이목과 관심

◆

117) Andy Stanley, 최고의 설교자를 만드는 설교코칭, 189.

을 사로잡아야 할 뿐 아니라 설교 여행이 종착지에 이를 때까지 유지해야 한다. 앤디 스탠리는 설교를 일종의 프리젠테이션, 그것도 아주 중요한 프리젠테이션이라고 말하면서 청중의 관심과 마음을 사로잡기 위해 무엇을 말할 것인가 만큼이나 어떻게 말하는가가 중요한 위치를 차지한다고 주장한다.

앤디 스탠리에 따르면 청중과 커뮤니케이션으로써 설교의 성공과 실패, 설교 여행에서 청중의 마음과 관심과 이목을 사로잡을 뿐 아니라 설교 여행이 끝날 때까지 관심을 유지하는 것은 프리젠테이션에 의해 결정된다고 말한다.[118]

현대를 살아가는 청중의 집중도는 현저하게 떨어졌다. 특히 소비주의적 태도와 포스트모더니즘 시대를 살아가는 이 시대 청중은 자신의 관심사를 끌어당기지 않는다면 그것이 무엇이든지 외면하는 성향을 보인다.[119] 현대 청중의 마음을 사로잡고 설교 여행을 성공적으로 마치기 위해 앤디 스탠리는 청중과 적극적으로 소통하고 호흡하는 설교 방식을 보인다.

앤디 스탠리가 보이는 이 같은 설교 방식은 커뮤니케이션의 대가이신 예수의 뒤를 따르는 일이라 할 수 있다. 복음서에 나타난 예수의 가르침을 조사해 보면 예수는 매우 창조적인 방식으로 사람들의 관심을 사로잡았음을 알 수 있다. 들판에 핀 꽃이나 하늘을 나는 새를 비

---

118) Ibid., 190-191.
119) 류웅렬 교수는 현대를 살아가는 청중의 집중력은 과거에 비해 상당히 약화되었다는 점을 지적하면서 현대청중에게 설교하는 설교자는 청중의 마음을 사로잡고 유지하기 위해 청중이 이해할 수 있는 언어, 청중의 귀에 들리는 언어를 사용하기 위해 각고의 노력을 기울여야 한다고 설파한다. 류웅렬, "성경적 설교 작성법과 전달"(강의, Fuller Theological Seminary, Spring 2017).

유로 하나님 나라의 말씀을 가르치기도 했으며, 이스라엘 사람들에게 매우 익숙한 포도나무와 가지의 비유뿐 아니라 목자와 양의 비유로 가르치기도 하셨다. 용서의 개념을 풍성하게 가르치기 위해 일만 달란트라는 상상조차 하지 못했던 액수의 빚을 동원하기도 했으며, 네 가지 종류 밭의 비유를 사용했다.

예수는 당시 사람들에게 익숙한 비유와 그들의 문화를 이용하여 하나님 말씀을 선포하고 가르쳤다. 예수는 커뮤니케이션의 대가였으며 사람의 마음과 관심을 사로잡아 가르치고자 하시는 바를 간결하고 분명하게 가르치셨다. 예수는 청중에게 질문하셨고, 생각하게 하셨으며, 대답하게 하셨다. 한걸음 더 나아가 하나님의 진리의 말씀으로 그들의 생각을 바로잡아 주셨고, 진리의 길로 인도하셨다.

앤디 스탠리의 설교는 예수의 설교를 모방하는 설교라 할 수 있다. 그는 청중이 해답을 얻고 싶어하는 질문을 제기할 뿐 아니라, 긴장감을 조성하며, 성경 말씀으로 대답을 제시한다. 설교의 도입부터 청중의 마음과 관심을 사로잡을 뿐 아니라 설교 여행을 진행하는 동안 처음부터 마칠 때까지 청중의 관심사를 사로잡으며 설교한다.

『성품은 말보다 크게 말한다』(Louder than Word)에서 저자 앤디 스탠리는 이 프리젠테이션 기법을 사용하여 설교를 전개한다. 한 가지 예로 '티끌 모아 태산'이란 챕터에서 앤디는 1966년 10월 21일 웨일즈의 작은 마을 애버팬에서 일어난 사건으로 설교를 시작한다. 이백만 톤의 석탄과 돌과 진흙이 애버팬의 학교와 가옥을 덮쳐 이백 명 이상의 사상자(주로 아이들이다)를 낸 사건이다.

충격적인 서론을 제시한 앤디는 애버팬은 어디에나 있다고 했으며, 불시의 사건이 바로 애버팬이라고 말한다. 에버팬 붕괴는 하루아침에 일어난 일이 아니라, 오랜 기간에 걸쳐 진행된 사고라고 말한다. 한 걸음 더 나아가 자신을 포함한 청중이 겪는 사건과 사고 대부분이 오랜 기간에 걸쳐 진행된 일이라고 말한다.

결국 앤디 스탠리는 이 모든 것이 성품에서 시작한다는 것을 밝히면서 오 년 또는 십 년 후 우리의 모습 역시 오랜 기간에 걸쳐 형성된 성품의 결과일 수밖에 없다고 말한다. 동시에 이 무거운 질문에 대한 대답으로 로마서 8장 29절 말씀을 제시하면서 하나님과 함께라면 성품을 긍정적인 방향으로 움직일 뿐 아니라 새롭게 형성할 수 있다는 것을 제공한다.

성품의 중요성을 부각시키는 앤디 스탠리의 책 전체가 이와 같은 프리젠테이션 구조를 가지고 있다는 점은 특히 주목할 만한 점이라 할 수 있다.[120] 설교자로서 앤디 스탠리는 자신의 설교가 청중에게 들리게 하는, 이벤트가 되게 하는 커뮤니케이터(Communicator)이다.

김영봉은 설교자는 가장 기본적으로 커뮤니케이터라고 말하면서, 청중과 적극적이고 원활한 소통이 일어나게 하기 위해 최선을 다해야 하는 사람이 설교자라고 한다.

커뮤니케이터로서 설교자는 청중이 경청하고 있는지 관심을 쏟아야 할 뿐 아니라, 설교자와 청중 사이에 보이지 않는 상호작용에 대해

---

120) Andy Stanley, 성품은 말보다 크게 말한다(Louder than Word), 윤종석 역(서울: 디모데, 2012), 13-20.

민감해야 한다고 하면서, 설교자는 선포되는 하나님 말씀이 청중에게 들리게 하기 위해 청중과 설교자 간의 상호작용을 더 활발하게 일으키도록 힘써야 한다고 말했다. 청중과의 활발한 상호작용의 주도권이 설교자에게 있기 때문에 설교 시작부터 끝까지 활발한 상호작용이 유지되도록 노력해야 할 책임이 설교자에게 있다고 말한다.[121]

팀 켈러는 청중에게 익숙한 단어를 사용하기 위해 각고의 노력을 쏟는다. 우리에게 익숙한 용어를 버리고, 청중이 이해하기 쉬운 단어를 선택한다. 청중을 설득하기 위해 청중이 인정하는 권위를 인용한다.

이유는 단순하다. 청중과 적극적으로 소통하기 위해서이다. 앤디 스탠리도 다르지 않다. 앤디 스탠리 역시 청중에게 익숙한 단어를 사용하기 위해 노력한다. 청중이 성경을 알고 있을 것이라는 전제를 과감하게 삭제하고, 성경 인물이나 지명이 있다면 이해하기 쉽게 설명한다.

또 모호하게 들릴 수 있는 기독교 용어가 있다면 이해하기 쉬운 단어로 바꾸어 설명한다. 청중과 더욱 적극적으로 소통하기 위함이다. 팀 켈러와 앤디 스탠리, 두 설교자는 그들의 설교가 청중의 가슴에 들리게 하기 위해 언어를 청중의 언어로 바꾼다.

알리스터 맥그래스 역시 현대 청중에게 다가가기 위해, 현대 청중을 깨우기 위해, 현대 청중의 가슴에 들리는 설교를 위해 강단의 언어, 설교자의 언어를 청중의 언어로 바꾸어야 한다고 역설한다. 현대인들에게 친숙하고 쉬운 이미지와 용어, 또는 이야기를 활용해 기독교 신

---

121) 김영봉, 설교자의 일주일, 403-404.

앙의 핵심 개념과 주제를 설명해야 한다고 주장한다. 알리스터 맥그래스는 C. S. 루이스의 글을 인용해서 이 부분을 설명한다.

"우리는 청중의 언어를 배워야 한다. 이것이 가장 먼저 하고 싶은 말이다. '평범한 사람'이 무엇을 이해하고 무엇을 이해하지 못하는지 선험적으로 말해 봐야 소용없다. 당신이 경험을 통해 찾아내야 한다. 당신 자신의 신학을 한 올 한 올 토착어로 번역해야 한다. 내가 내린 결론은 이렇다. 당신의 사상을 배우지 못한 사람들의 언어로 번역해 내지 못한다면 당신의 사상은 뒤죽박죽인 셈이라고, 번역해 내는 능력이야말로 당신이 말하려는 뜻을 당신이 실제로 이해했는지 테스트하는 기준이 된다."

그는 기독교 복음의 깊은 매력을 우리 문화가 이해할 법한 언어와 이미지를 활용해 제시하고 설명해야 한다고 말한다. 특히 오늘날 사람들이 이해하려면 성경 용어를 설명하고 해석해야 한다고 말한다.

알리스터 맥그래스는 복음의 핵심 개념을 문화에 맞게 옮기는 것을 '문화적 번역(Culture Translation)'이라 부른다. 그는 문화적 번역이 가지는 두 가지 문제점도 신중하게 지적한다. 알리스터 맥그래스가 사용하는 문화적 번역의 간단한 예는 다음과 같다. '하나님과의 관계가 바로 됨'을 말하면서 칭의에 대한 설명을 시작하고, 칭의의 관계적 측면과 법정적 측면을 탐구해야 한다고 말한다.[122]

팀 켈러와 앤디 스탠리는 설교 언어를 청중의 언어로 바꿀 뿐 아니

122) Alister E. McGrath, 알리스터 맥그래스의 기독교 변증(Mere Apologetics), 전의우 역(서울: 국제제자훈련원, 2014), 31-33, 37.

라 더욱 적극적인 소통을 위해 잘 준비된 질문을 사용한다. 단순히 질문을 던지는 것에서 멈추지 않고 청중과 같은 위치에 서서 질문을 던진다. 즉, 청중을 향한 공감의 태도를 가진다. 누구나 아는 사실이지만 세상을 살아가는 사람은 누구나 문제를 가지고 있다. 구체적인 문제의 종류는 물론 다르다.

하지만 큰 범주에서 본다면 비슷한 범주에 묶을 수 있는 문제와 질문을 가지고 있다. 팀 켈러와 앤디 스탠리는 청중이 공감할 수 있는 질문을 준비하여 설교 중에 청중을 향해 잘 준비된 질문을 던진다. 그뿐만 아니라 공감적인 태도를 보이면서 청중과 함께 생각하고, 함께 아파하며, 함께 울고 웃는다.

설교의 핵심을 담아낸 질문, 또는 청중이 던지는 질문을 던지고 공감한다. 던진 질문을 진지하고 일관성 있게 다루면서 대답한다. 이와 같은 적극적은 소통을 바탕으로 청중이 설교에 집중하게 만든다. 적극적인 소통으로 설교가 청중에게 이벤트로 다가가도록 만든다.

Part 06

피해야 할 것 vs 해야 할 것

많은 것을 가르치고 싶은 유혹을 떨치기 몹시 어렵다. 그러나 많은 것을 가르치는 것은
아무것도 가르치지 않는 것과 다르지 않다. 많은 것을 가르친 후 집으로 돌아가는 청중
에게 오늘 설교 핵심이 무엇이었냐고 물어 보라. 각기 다양한 대답을 듣게 될 것이다.
많은 좋은 이야기를 전하는 것은 최악의 설교 중 하나다. 앤디 스탠리는 많이 가르치려
들기보다 적게 가르쳐서 더 많이 가르칠 수 있다고 주장한다. - 186쪽 중에서

60.

하 지 말 아 야 할 말

사람 사는 세상에서는 해야 할 말과 하지 말아야 할 말이 있다. 뚱뚱한 사람에게 뚱뚱하다고 말하면 결과는 끔찍하다. 못생긴 사람에게 못생겼다는 말은 금기다. 설교도 다르지 않다. 설교에는 해야 할 말이 있는 반면 하지 말아야 할 말이 있다. 특히 결론에는 피해야 할 말이 있다. '결론적으로' '마지막으로' '끝으로' '설교를 맺겠습니다.'[123] 라는 말이다.

굳이 말하지 않아도 청중은 이미 알고 있다. 말해서 유익한 것이라곤 '이제야 지겨운 설교가 끝나는구나!'라는 안도감이 전부이다. 그것도 진짜 끝날 때라야 그렇다. 결론을 광고할 필요는 없다. 태도로, 내용의 흐름으로 설교가 마지막으로 치닫는 것을 보여주면 된다.

61.

문 어 체 로 말 하 기

설교는 글이 아니라 말이다.[124] 글이라면 반복해서 읽을 수 있다. 이해가 안 되면 천천히 뜯어 볼 수도 있다. 말은 다르다. 직관적으로 이해하지 못하면 말을 들은 그대로 이해하지 못한다. 하고자 하는 바를 명료

◆
123) 이 부분은 필자뿐 아니라 한국 교회에서 나고 자란 사람이면 대다수가 경험한 공통점이라 생각한다.
124) 도날드 수누키안은 쓰는 대로 말하지 말고, 말하는 대로 쓰라, 읽기에 편하고 더불어 말하기도 쉬운 문장을 만들라고 충고한다. Donald R. Sunukjian, 성경적 설교의 초대, 329.

하게 전달해야 비로소 들린다.

청중의 가슴에 들리는 설교를 위해 설교자는 말하듯 써야 한다. 청중이 듣고 직관적으로 이해하지 못한다면 설교의 흐름을 따라가지 못한다. 청중에게 들리지 않는 이유가 무엇인지 면밀히 살펴보고 찾아내야 한다. 말처럼 원고를 쓰지 않고 글처럼 쓰는 일은 반드시 피해야 한다.

62.
많은 메시지 No!

많은 것을 가르치고 싶은 유혹을 떨치기란 몹시 어렵다. 그러나 많은 것을 가르치는 것은 아무것도 가르치지 않는 것과 다르지 않다. 많은 것을 가르친 후 집으로 돌아가는 청중에게 오늘 설교 핵심이 무엇이었냐고 물어 보라. 각기 다양한 대답을 듣게 될 것이다. 많은 좋은 이야기를 전하는 것은 최악의 설교 중 하나다. 앤디 스탠리는 많이 가르치려 들기보다 적게 가르쳐서 더 많이 가르칠 수 있다고 주장한다.[125] 예리한 통찰이다.

◆
125) Andy Stanley, 성공하는 사역자들의 7가지 습관, 137-157.

63.

지나치게 긴 서론

서론은 서론의 역할로 충분하다. [126) 핵심 사상이 무엇인지 보여주거나 호기심을 자극하는 정도로 충분하다. 서론에 지나치게 욕심을 부리면 주객이 전도될 수 있다. 서론은 서론이다. 가끔 긴 서론 때문에 아내의 부드럽지만 예리한 지적을 받는다. 서당 개 삼 년이면 풍월을 읊는다고 말하는 아내의 말을 귀담아 들어야 할 필요가 있다.

64.

많은 예화

예화는 설교의 창(window)이다. 좋은 예화는 설교에 맛을 더한다. 설교를 채색한다. 분위기를 새롭게 할 뿐 아니라 설교의 흐름을 보게 한다. 설교를 기억하기 쉽게 할 뿐 아니라 여운과 감동을 줄 수 있다. 게다가 진리를 명료하게 한다. 단 너무 많은 예화는 주객을 전도시킨다. 본문이나 본문의 의미는 온데간데없이 사라지고 예화만 남게 된다. 배보다 배꼽이 큰 경우다. 기억하자. 과유불급(過猶不及)!

◆

126) 류응렬은 서론이 길면 사족으로 변질된다고 말하면서 서론은 본론 또는 핵심 메시지가 무엇인지 힐끔 보여주는 것으로 충분하다고 말한다. 류응렬, "성경적 설교와 전달"(강의, Fuller Theological Seminary, Spring 2017).

65.

논리적 비약

차를 타고 이동하던 중 갑작스런 몸 쏠림 현상을 한번쯤은 경험했을 것이다. 대중교통은 말할 것 없고 보조석에 앉아 동행할 때도 종종 겪는다. 조수석에 탄 사람은 급가속, 급정지, 우회전, 좌회전에 대응하지 못하는 경우가 허다하다. 운전자의 생각과 의도를 모르기 때문이다.

설교에서 논리적 비약이 이와 같다. 안타깝게도 설교에서 논리적 비약이 종종 일어난다. 설교에서 논리적 비약이 일어나면 안 된다. 한두 번의 논리적 비약만으로도 청중은 몸 쏠림 현상을 경험한다.

설교에서 길을 잃기도 한다. 앤디 스탠리는 서론에서 본론으로, 핵심에서 적용으로 넘어갈 때 청중에게 방향 전환 신호를 보내주라고 말한다. 방향 지시등을 켜 주면 급격한 방향 전환도 대비할 수 있는 반면, 방향 지시등을 켜 주지 않으면 작은 변화라도 갑작스럽게 느낄 수밖에 없는 것과 동일한 이치다. 논리적 비약을 피한다는 말은 설교에서 방향을 전환하기 전에 청중에게 방향 지시등을 켜 주는 것과 같다.[127]

◆

127) Andy Stanley, 최고의 설교자를 만드는 설교 코칭, 207.

66.

표 적 설 교

"강도사님, 말씀으로 저희를 치시네요!" 강도사 시절 가르치던 중학생에게 들은 말이다. 충격적이었다. 사역을 하면서 이런 일이 생각보다 훨씬 더 자주 일어난다는 사실을 알게 되었다. "아, 이 설교는 K 집사가 들어야 하는데" "꼭 들어야 할 사람이 빠지더라." 성도들이 해보았을 법한 말이다.

표적 설교란 누군가를 표적으로 삼고 그를 향해 쏘아대는 설교를 뜻한다. 누군가가 끝없이 속을 썩인다면, 말도 안 되는 사건을 일으킨다면, 그 사람, 혹은 그 사건을 표적으로 삼아 설교하고 싶은 마음이 절로 든다. 과녁을 정확하게 설정하고 정조준해서 발포하고 싶은 마음이 생긴다. 그래서는 안 된다. 설교는 누군가를 저격하는 저격용 라이플이 아니기 때문이다.

하나님 말씀을 정확하고 바르게 선포하면 누구나 찔리게 마련이다. 하나님 말씀은 사람 속을 꿰뚫어 혼과 영을 갈라내고, 관절과 골수를 갈라놓기까지 하며, 마음에 품은 생각과 의도를 밝혀내기 때문이다.[128]

표적 설교의 유혹을 물리치고 담담히 하나님 말씀을 전하면 그것으로 충분하다. 그 다음 일은 하나님이 알아서 하신다. 강도사 시절 중학생에게 질문을 받고 그때도 대답을 했지만 지면을 빌려 조금 다른 언어로 고백하고 싶다. "사랑하는 제자들아, 표적 설교 아니었다. 굳이 설교

◆
128) 히브리서 4:12 말씀(새번역)

의 유일한 표적이 있다면 그것은 바로 나 자신이란다."

67.

눈맞춤

사랑하는 사람과의 입맞춤은 언제나 설렌다. 눈맞춤은 어떨까? 사랑하는 사람과의 눈맞춤은 달콤하다. 누군가가 나의 눈을 바라보며 나에게 오롯이 집중한다면 다른 말이 없어도 별별 감정을 다 느낄 수도 있다. 경우에 따라 눈물이 날지도 모를 일이다. 서로 눈을 마주치면 호감도가 상승한다는 연구 결과도 있다.

눈맞춤은 설교에서도 무척이나 중요하다. 설교를 시작할 때, 설교를 진행할 때 그리고 설교를 마칠 때 청중과 눈을 맞추라. 특히 설교의 시작과 끝에, 청중과의 눈맞춤을 통해 말씀으로 깊이 교감하라. 청중의 심장에 한걸음 더 다가가라. 눈맞춤이 그 척도다.

68.

탁월한 생각

좋은 글, 좋은 책, 좋은 설교는 좋은 생각이 만든다. 글은 생각의 현현이다. 글이 모이면 책이 된다. 탁월한 설교, 평범한 설교 이 둘을 가르는 차이는 생각보다 크지 않다. 조금 더 깊이, 조금 더 넓게 생각하고 그 생각을 글로 표현해 내는 것에서 명암이 갈린다. 생각을 구현하기 위해 조금 더 문장을 가다듬는 것에서 차이가 만들어진다.[129]

그렇다. 좋은 설교는 좋은 원고에서 시작한다. 좋은 원고는 좋은 생각에서 비롯한다. 설교자는 생각하는 사람이어야 한다. 설교자는 탁월한 생각을 할 줄 아는 사람이어야 한다. 생각의 근력을 키워 나가면 좋은 설교자가 될 수 있다.

69.
버리기

버리기, 설교에서 가장 어려운 부분 중 하나다. 본문을 연구하면서 찾아낸 주옥같은 말씀, 꼭 전하고 싶은 말씀. 그 말씀을 버리기가 얼마나 어렵고 고통스러운지 심장을 도려내는 기분이다.

하지만 좋은 설교, 가슴에 남는 설교, 탁월한 설교를 위해서 설교자는 과감하게 버려야 한다. 그 말씀이 전하려는 말씀과 정확하게 일치하지 않는다면, 중심사상을 흐리는 거라면, 곁길로 가는 말씀이라면, 핵심 메시지와 다른 결이라면 잘라내야 한다. 버려야 한다. 주의할 점이 있다. 그냥 버리면 안 된다. 아까운 시간 낭비 자원 낭비다. 다음 설교를 위해 주제에 따라 분류 저장해 두어야 한다.

◆

129) 이정일은 좋은 글, 좋은 책은 조사 하나, 한 단어를 고치는 일에서 시작하고 완성된다고 말한다. "이정일 목사와의 인터뷰" 대담 지혁철(광주, 2021. 1월).

70.
벼리기

중학생 때 집을 새로 지었다. 집을 거의 마무리할 즈음 일꾼들은 사포로 집안 내부 나무를 문지르고 또 문질렀다. 눈으로 봐서는 아무런 표가 나지 않는 저 일을 왜 하는지 궁금했다. 만져 보고서야 왜 그런 수고를 아끼지 않았는지 비로소 이유를 알았다. 사포로 문지른 곳과 그렇지 않은 곳의 질감 차이는 하늘과 땅 차이였다.

벼리기, 설교에서 가장 번거롭고 귀찮고 어려운 부분 중 하나다. 원고를 읽고 또 읽어야 한다. 문장을 최대한 아름답게 매끄럽게 다듬어야 한다. 아무런 표나 차이도 없어 보인다. 중심 사상이 바뀌는 것도 아니다. 누가 알아주는 것도 아니다. 그래도 해야 한다. 원고를 벼리는 동안 생각이 더 날카로워진다.

벼리는 과정을 통해 원고를 숙지할 수 있다. 더욱 명확하고 분명하게 메시지를 가다듬을 수 있다. 결국 벼리기를 통해 설교가 좋아진다. 벼리기를 통해 청중을 사로잡게 된다. 벼리기에도 주의할 점이 있다. 중심 사상에 손을 대서는 안 된다. 주의할 점이 또 있다. 버리기와 벼리기의 순서를 지켜야 한다. 버리기가 먼저고 벼리기가 이후다. 순서 뒤집으면 난리난다.

71.

입 장 바 꾸 기

다른 사람의 위치에 설 때 비로소 이해할 수 있는 것이 있다. 역지사지. 입장 바꿔 생각하기. 서양 속담에도 있다. Walk a mile on someone else's shoes(다른 사람의 신을 신고 1마일 걸어 보라).

설교도 이와 같다. 설교자는 반드시 청중의 입장에 서 봐야 한다. 전하고자 하는 말씀이 명료한지, 마음에 와 닿는지, 새로운 깨달음이 있는지, 가슴이 뜨거워지는지, 삶의 방향을 새롭게 하는지, 달콤한지, 혹 지루하진 않은지 청중의 입장에 서서 말씀을 듣는 훈련을 통해 설교는 조금씩 다듬어진다. 청중과 더 가깝게 호흡할 수 있다. 입장 바꿔 생각하는 훈련을 통해 설교는 좋아진다. 청중을 사로잡게 된다.

나의 민낯 대면하기

교회에서 사역할 때였다. 담임 목사님은 설교를 잘하셨다. 어떻게 매주 저렇게 설교하실 수 있지?라는 생각을 하게 만드셨다. 사건은 목사님께서 안식년으로 두 달간 자리를 비우셨을 때 일어났다.

금요기도회 순서가 돌아왔다. 평소 찬양인도가 주 사역이었으나 그날 나는 금요기도회 찬양인도만 하지 않았다. 설교와 기도 인도까지 하게 되었다. 열심히 준비했다. 찬양인도 후 통성기도를 마칠 즈음 반짝 강대상에 등단했다. 참석한 성도들은 내가 북 치고 장구 치는 줄 미처 모르셨을 것이다.

열심히 준비한 대로 설교하기 시작했다. 그러나 성도의 반응은 시큰둥하다 못해 소금에 절인 김장배추 같았다. 축 늘어져 의자 속으로 파묻힐 기세였다. 그대로 계속 할 수는 없었다. 원고를 덮고, 걸쭉한 사투리로 설교하기 시작했다. 놀라웠다. 소금에 절인 배추 같던 성도들이 파릇파릇 살아나기 시작했다. 박장대소 웃기도 하고 긍정적인 반응이 이어졌다.

그렇게 시간이 흘렀다. 인식년을 마친 담임 목사님께서 복귀하셨다. 오랜만에 담임 목사님과 함께한 교역자 회의 시간. 늘 그랬듯 분위기는 무거웠다. 그런데 회의 끝자락에 담임 목사님께서 갑작스럽게 물었다. "지혁철 강도사님, 본인이 금요 기도회 인도를 잘한다고 생각해요?" 느닷없이? 이게 무슨 일이지? 순간 갖가지 상상을 하면서 조심스레 아니라고 대답했다

지금도 생생한 목사님의 뼈 있는 가르침. "아무도 그렇게 생각하지 않는데 자기 혼자 설교 잘한다, 기도회 인도 잘한다고 생각하는 것만큼 어리석고, 비참하고, 불쌍한 일 없어요. 알겠어요!" 그 후 교회를 사임할 때까지 나는 금요기도회 설교와 기도회 인도에서 제외되었다.

설교자로서 굴욕 당한 일이지만 저 말씀은 진리다. 아무도 그렇게 생각하지 않는데 혼자 잘한다고, 잘하고 있다고 생각하는 것만큼 웃기는 일도 없다. 설교자는 자기를 제대로 볼 줄 알아야 한다.

선택과 집중

앤디 스탠리는 설교 목표를 삶의 변화로 삼고 있다. 청중의 삶의 변화라는 설교의 목표는 설교 형태를 변화시켰다. 변화를 위한 설교자로서 앤디는 청중에게 가장 적합하게 다가갈 수 있는 본문을 의도적으로 선택한다. 의도성은 본문뿐 아니라 본문 안에서 핵심적인 사상, 본문의 중심 내용 한 가지만 선택한다.[130]

선택과 집중으로 이해할 수 있다. 청중의 마음에 잘 박힌 못과 같은 메시지를 전하기 위해 앤디 스탠리는 버리고 또 버린다. 앤디는 대지 설교를 적극적으로 회피한다. 대지 설교가 나쁘다거나 좋지 않은 설교라서가 아니라, 변화를 위한 설교 형식에는 적합하지 않다고 판단했기 때문이다.

앤디는 경험에 비추어 이 사실을 설명한다. 그는 교회에서 자라면

---

130) Andy Stanley, 최고의 설교자를 만드는 설교 코칭, 116-250.

서 필기한 성경 공부 내용, 수련회에 참석해서 배운 내용이 상당히 많다고 말한다. 기록들이 가치가 있었지만 실제 그것을 사용하는 일은 전혀 없다고 했다. 지식을 축적한다고 해서 그것이 실생활에 도움이 되는 것은 극히 일부에 지나지 않다고 고백한다.

앤디는 대부분의 사람들이 더 많이 알려고 배우는 것이 아니라 뭔가 꼭 알아야 할 때 배운다는 점을 지적한다.[131] 앤디는 자신이 경험한 대지 설교는 마지막 핵심에 이를 때면 처음 두세 가지 핵심을 기억하지 못한다는 것을 문제로 지적한다. 대개 마지막 핵심만 기억할 따름이며, 그것도 그 핵심을 기억에 남는 방식으로 전달했을 때라야 가능하다는 것이다.[132]

앤디 스탠리는 그가 설교하는 성경 본문에서 한 가지 핵심 개념을 뽑아낸다. 하나의 목적지, 전달하고 싶은 하나의 개념, 설교를 통해 성취하고자 하는 구체적인 목표를 중심으로 설교를 구성한다. 메시지 전체, 즉 서론에서 본론 결론에 이르기까지 설교의 전체 흐름을 핵심 사상에 맞추어 수정한다.

앤디 스탠리의 설교는 버리기의 진수가 무엇인지 보여준다. 그는 여기서 멈추지 않고 한걸음 더 나아간다. 설교의 핵심 사상 또는 설교 전체를 담아낼 수 있는 한 문장을 만든다. 그렇다. 앤디 스탠리는 버린 후에 벼린다. 성도의 가슴에 가닿을 수 있는 한 문장, 예배를 마치고 돌아가는 성도들이 집으로 가져갈 수 있는 한 문장을 만든다. 벼리고

◆

131) Andy Stanley 외 2명, 성공하는 사역자의 7가지 습관, 137-140.
132) Ibid., 130-131.

벼리는 셈이다.

그 문장을 설교 곳곳에서 반복한다. 이유는 단순하다. 본문에서 뽑아낸 핵심 사상을 담아내는 한 문장을 성도들의 가슴과 머리에 깊게 각인시켜서 청중의 삶의 변화를 이끌어 내기 위함이다. 그가 가진 설교 철학, 설교 목표를 성취하기 위해 핵심 사상을 뽑아내고, 핵심 사상을 한 문장에 담아 성도들의 가슴에 들리게 한다.

시리즈 제목은 시리즈의 방향 전체를 알게 할 뿐 아니라 시리즈 전체를 요약한다. 제목 자체가 메시지 요약이자 핵심 사상을 전달하게 한다. 김영봉은 좋은 제목의 경우 설교를 듣고 나서 제목을 오래도록 기억하게 한다고 말한다.[133] 제목이 설교의 핵심 사상을 표현할 때 기대할 수 있는 효과인 셈이다.

앤디 스탠리는 성도의 삶을 변화시키기 위해 거의 모든 설교에서 이 같은 작업을 전개한다. 'What It Means To Have Faith?'라는 설교에서 앤디 스탠리는 'What is your wonder?'이라는 문구를 반복한다. 'We are invited to fix our eyes on Jesus(우리는 예수께 우리의 시선을 고정하도록 부름 받았다).'라는 문장을 핵심 문장으로 사용한다.[134] 'Why Is There Suffering In The World?'라는 설교는 'Faith is Confidence: God is and will do what He promised to do(믿음은 하나님이 약속하신 것을 행하시고 행하실 것이라는 신뢰입니다).'라는 문장을 핵심 문장으로 사용한다.[135] 그

◆

133) 김영봉, 설교자의 일주일, 395.
134) Andy Stanley, "What It Means To Have Faith?" n.p. [cited 19 Dec 2017] Online: https://www.youtube.com/watch?v=-OplztyjHEc&t=1030s.

의 또 다른 설교 'How to Persevere In Tough Times'에서는 'Faith is Confidence(믿음은 신뢰입니다)', 'Faith is a respond to God(믿음은 하나님을 향한 반응입니다)'라는 경구를 사용한다.[136]

그의 시리즈 설교 '인생 대질문(Ask It)'에서 앤디 스탠리는 인생 대질문 시리즈 전체를 관통하는 한 가지 중요한 질문을 찾아낸다. 인생 대질문 시리즈를 끌고 갈 핵심 질문을 뽑아낸 본문은 에베소서 말씀이다. "그런즉 너희가 어떻게 행할지를 자세히 주의하여 지혜 없는 자 같이 하지 말고 오직 지혜 있는 자 같이 하여 세월을 아끼라. 때가 악하니라. 그러므로 어리석은 자가 되지 말고 오직 주의 뜻이 무엇인가 이해하라."(엡 5:15-17)

앤디 스탠리는 이 구절에서 인생을 바꾸어놓을 만한 지혜를 발견하고 핵심 질문을 도출한다. "어떻게 행할지를 자세히 주의하여"라는 말씀과 "지혜 없는 자 같이 하지 말고 오직 지혜 있는 자 같이 하여"라는 말씀을 지렛대 삼아 '무엇이 지혜로운 길인가?'라는 한 가지 핵심 질문을 도출해 낸다.

앤디 스탠리는 이 질문을 인생 대질문으로 삼고 위험한 대안들, 시간 문제, 도덕성의 문제, 물어 보는 지혜, 인생 최고의 결정이라는 주제로 설교를 진행한다. 이 시리즈 설교에서 앤디 스탠리는 '무엇이 지혜로운 길인가?'라는 질문을 가장 중요한 질문으로 삼고 이 질문을 바

135) Andy Stanley, "Why Is There Suffering In The World?" n. p. [cited 20. Apr. 2020] Online: https://www.youtube.com/watch?v=LYF7hFhSo2Q.
136) Andy Stanley, "How to Persevere in Tough Time" n. p. [cited 27. Apr. 2020] https://www.youtube.com/watch?v=cvYD9ClWAOI.

탕으로 전체를 끌고 나간다.

영어 두 단어로 된 한 문장 'Ask It'을 설교의 핵심 사상일 뿐 아니라 시리즈 전체의 핵심 문장으로 제시한다. 이를 통해 청중이 인생의 중요한 결정 앞에서 무엇이 지혜로운 길인지 질문하게(Ask it) 하고 성경이 제시한 대답, 설교를 통해 제시한 대답을 따라 결정을 내릴 수 있도록 이끌어 변화된 삶을 살아가게 하는 것이 설교자로서 앤디 스탠리의 의도이다.[137]

그는 시리즈 설교 각 편마다 시리즈 설교 전체를 관통하는 '무엇이 지혜로운 길인가(Ask It)?'라는 짧은 한 문장으로 핵심 사상을 반복해서 전한다. 현대인은 어려운 문장을 기억하지 못한다. 직관적일 뿐 아니라 그 안에 풍성한 의미가 담긴 문구를 기억한다. 광고 카피가 대표적이다. 광고 카피는 짧고 간결한 문장을 사용한다. 짧은 문장이지만 그 안에 많은 것을 담아낸다.

김영봉은 제목을 하나의 문장으로 만들고 설교 중 그 문장을 몇 차례 반복할 때 청중이 문장을 쉽게 기억한다고 말한다.[138] 설교 전체 메시지를 한 문장으로 가다듬고, 설교 전체를 한 중심 주제에 담기 위해 가지치기는 필수적이다.

김영봉은 핵심 가치 도출을 위한 가지치기의 중요성을 역설한다. "설교자가 본문의 배경을 연구하고 본문 자체를 연구하는 것은 숙제입니다. 그 숙제를 마치고 설교로 넘어가면 이제는 communicate해야

137) Andy Stanley, 인생 대질문: 인생의 중요한 결정 앞에서 우리가 반드시 해야 할 질문(Ask It), 윤종석 역(서울: 디모데, 2016), 31-33.
138) 김영봉, 설교자의 일주일, 295-296.

합니다. 커뮤티케이션에서 가장 중요한 것은 소통이지요. 말하는 사람이 말하는 만큼이 아니라 듣는 사람들이 받아들이는 만큼이 중요합니다. 설교자들은 본문 연구를 통해 얻은 여러 가지의 발견과 지식과 정보를 모두 사용하려는 경향을 보입니다. 듣는 사람의 입장에서는 지루하거나 복잡하거나 혹은 짜증나는 일입니다. 설교를 통해 지향하는 하나의 메시지를 위해 꼭 필요한 정보들만 사용하고 나머지는 아까워도 다음을 위해 예비해 두는 것이 좋습니다."[139]

설교자로서 필자 역시 가지치기가 얼마나 어려운지 실감한다. 본문 연구를 통해 찾아낸 주옥 같은 내용을 모두 청중에게 들려주고 싶고 전하고 싶다. 하지만 김영봉의 말처럼 말하는 만큼이 아니라 듣는 사람이 받아들이는 만큼이다. 그것이 중요하다. 본문 연구를 통해 발견한 사실을 모두 전하면 청중 입장에서는 어려울 수밖에 없다. 많은 것을 듣지만 정작 중요한 것이 무엇인지 기억조차 하지 못한다.

앤디 스탠리는 핵심 메시지를 뒷받침하거나, 설명하거나, 명확하게 하지 않는 것은 모두 제외한다. 설교를 준비하면서 발견한 좋은 부분이더라도 엄청나게 잘라낸다. 핵심 사상이 여러 가지로 도출되면 그 본문과 연구를 통해 얻은 결과 자체를 시리즈 설교로 전환한다. 이 어려운 작업을 통해 최고의 부분이 최고의 빛을 발하게 만든다.[140]

앤디 스탠리는 모든 설교에서 전체 메시지를 담을 수 있는 하나의

◆
139) 김영봉, "김영봉 목사와의 온라인 인터뷰" 대담 지혁철(광주, 2020. 5월).
140) Andy Stanley, 최고의 설교자를 만드는 설교 코칭, 186-187.

문장을 만든다. 결코 쉬운 일이 아니지만 모든 설교에서 반드시 이 작업을 거친다. 설교를 진행해 나가면서 설교 핵심을 담아내기 위한 핵심 문장을 청중에게 반복적으로 들려주거나 함께 읽는다. 핵심 메시지를 청중의 머리와 가슴에 각인시키기 위함이며, 청중의 삶에 직접적으로 적용하기 위함이다. 다시 말해 설교를 이벤트하기 위해서다.

이처럼 앤디 스탠리는 설교의 핵심 사상을 핵심 문장으로 정리하여 직접적인 적용을 가능하게 하며, 적용을 통해 청중의 삶의 변화를 추구하는 설교에 매진한다.

앤디 스탠리는 신학교 시절 한 고등학교에서 말씀을 전한 경험을 공유했다. 많은 성경 지식을 바탕으로 나아만에 관한 여러 가지 메시지를 준비했지만 이내 자신이 준비한 모든 내용을 폐기하고, 모든 내용을 하나의 개념으로 응축시켰다. 많은 노력 끝에 전체 메시지를 담는 하나의 문장을 완성했으며, 그 문장 중심으로 메시지를 전했다.

그리고 이 년 뒤 주일 아침, 한 대학생이 앤디 스탠리를 알아보았다. 앤디 스탠리만 알아본 것이 아니라 그가 제시한 그날의 한 문장을 그대로 기억하고 있었다. "이유를 깨닫기 위해서는 먼저 순종하고 적용하라."라는 문장이었다. 간단하면서 잘 정리된 한 가지 진리가 마음에 뚜렷하게 새겨진다는 것을 확인할 수 있었다.

그 후 앤디 스탠리는 하나의 진리를 포착하고 그것을 청중의 가슴에 심어주기 위해 각고의 노력을 쏟아붓고 있다.[141] 그는 버리고 버리는 설교로 청중의 삶을 변화시킨다.

◆
141) Ibid., 14-15.

Part 07

설교의 실제
(I)

생텍쥐페리는 '완벽함이란 더 이상 보탤 것이 남아 있지 않을 때가 아니라 더 이상 뺄 것이 없을 때 완성된다.'고 했다. 메시지 작성에 있어 정말로 어려운 일은 중요하지만 '가장 중요하지 않은' 메시지를 제거하는 일이다. 단순하게 만든다고 최선은 아니다. 핵심을 담지 않은 단순함은 아무것도 아니다. 단순함 속에 핵심을 담아낸다면 영혼을 사로잡는 메시지를 전할 수 있다. 단순함은 핵심과 간결함의 결합이다. - 211쪽에서

72.
러닝 타임 (1)

교인에게 목사님의 설교가 조금 더 길면 좋은지 조금 더 짧으면 좋은지 물어 보라. 나는 끝나는 것이 아까울 정도로 훌륭한 설교를 들어 보았다. 학자연하지 않으면서 텍스트에 충실하고, 내용이 깊고, 보편적인 통찰이 알차고, 군더더기 없이 짜임새가 매끈하고, 영혼을 쪼개고 살찌우는 설교이기에 그 설교를 들으면서 설교가 끝나지 않기를 바라고 또 바랐다.[142]

유학 시절에 함께 공부하던 목사님이 교수님께 질문했다. "설교 시간은 어느 정도가 적절합니까?" 교수님이 대답하셨다. "두 시간이 이십 분처럼 느껴질 정도라면 두 시간 하셔도 좋습니다. 이십 분이 두 시간처럼 지루하다면 더 빨리 끝내십시오."[143] 설교는 은혜가 흘러넘쳐야 한다. 은혜가 부족하다면 재미가 있어야 한다. 재미마저 없다면 짧아야 한다.

가깝게 지내던 한 목사님이 들려준 설교 격언이 떠오른다. "Every preacher must remember 3S! Sweet, Simple, and Short. If you want to add one more, it might be 'Smile.'"[144] 두 시간을 이십 분처럼 느끼게 할 수 없다면 단순하게, 짧게, 가급적 재밌게 하자. 할 수 있다면 은혜롭게. 아~ 설교 참 어렵다!

◆

142) T. David Gordon, 우리 목사님은 왜 설교를 못할까(Why Jonny Can't Preach), 최요한 역(서울: 홍성사, 2018), 32-33.
143) 류응렬, "성경적 설교와 전달"(강의, Fuller Theological Seminary, Spring 2017).
144) 이 문장은 필자의 것이 아니라 텍사스주 달라스에서 함께 사역하던 목사님에게 전해 들은 이야기다.

73

러닝 타임 (2)

설교 시간은 일종의 뜨거운 감자다. 설교가 짧아서 문제되는 경우는 거의 없다. 길어서 문제다. 더 큰 문제는 설교에 대해 설교자에게 요구하기가 어렵다는 사실이다. 설교 시간은 설교자의 고유 영역인 셈이다.

지역 교회에서 설교 시간은 일종의 약속으로 볼 수 있다. 각 공동체마다 다르지만 각 공동체마다 기대 시간이 있다는 점은 분명하다. 설교자는 기대 시간을 지켜야 한다. 플러스, 마이너스 오 분 정도는 크게 문제되지 않는다. 하지만 십 분을 넘어가면 상황이 달라진다. 교회에 따라 주차 문제가 대두되기도 하고, 다음 예배를 준비하는데 지장을 초래한다.

특히 외부 강사로 초대받아 설교하러 가는 경우, 기대 시간이 어느 정도인지 질문해야 하고 명확한 답을 손에 쥐어야 한다. 무엇보다 기대 시간을 엄수해야 한다. 다시 올 일 없다고 내 맘대로 설교 시간을 길게 잡는 것은 그 공동체에 대한 기본 예의를 벗어나는 일이다.

류응렬은 설교 요청을 받을 때 설교 시간을 물어야 한다고 말한다. 일 분 요청을 받는다면 일 분 설교, 십 분 요청을 받는다면 십 분 설교를 준비해서 십 분에 맞춰 설교해야 한다.[145] 크리스토퍼 라이트도 다르지 않다. 그는 지역 공동체마다 기대 시간이 있다고 말한다. 그가 속한 공동체 올소울스 교회(All Souls Church)의 설교는 대개 삼십 분에서 삼십오 분 길이이고, 청중도 그렇게 기대한다.[146]

◆

145) 류응렬, "성경적 설교와 전달"(강의, Fuller Theological Seminary, Spring 2017).

"짧게 설교한 자는 복이 있나니 그가 다시 청함을 받을 것임이요."[147] 설교자들 사이에 떠도는 일종의 격언이다. 그냥 생긴 말이 아닐 것이다. 청중에겐 설교 기대 시간이 있다. 외부 강사로 초빙 받았다면 기대 시간을 알고 기대 시간보다 조금 더 일찍 마치는 것이 좋다. 누가 아는가? 다시 청함을 받게 될지.

74.
시작이 반

시작이 반이다. 영화는 첫 오 분 안에 승부가 난다. 첫 오 분 안에 사로잡지 못하는 영화는 끝까지 관람객을 사로잡지 못한다. 특별한 반전이 없는 한 늘 그렇다. 설교도 다르지 않다. 청중을 서론에 사로잡지 못하면 끝까지 사로잡지 못한다. 특별한 반전이 없는 한 늘 그렇다. 폴 스콧 윌슨(Paul Scott Wilson)은 설교를 시작하는 법에 대해 충고한다.

1) 주제 진술의 이면을 제시하는 이야기

2) 일반적인 주제에 대해 별로 심각하지 않은 경험

3) 성경 본문

4) 사회 정의 문제

5) 뉴스나 문화 관련 기사

◆
146) Christopher J. H. Wright, 크리스토퍼 라이트의 십자가, 14.
147) 이 말을 처음 만든 사람이 누구인지 알 수 없다.

6) 허구적인 이야기[148]

류응렬은 서론의 역할은 설교 핵심 메시지를 슬쩍 보여주는 것이라고 말한다.[149] 김은철은 설교 시작에서 청중의 호기심을 자극하고 관심을 사로잡지 못하면 실패한다고 말한다.[150] 서론 준비를 잘해야 한다는 말이다.

서론부터 준비해도 되고, 설교를 다 준비한 후 서론을 작성해도 좋다. 무엇으로 시작하든, 언제 작성하든 괜찮다. 청중을 사로잡으면 된다. 좋은 서론을 위한 한 가지 팁이 있다. 설교자 자신을 청중의 입장에 세워놓고 서론을 써라. 내가 재미없는데 다른 사람 재미있을 리 없다.

75.

비대면 예배, 소통하는 설교

바이러스(COVID 19 Virus) 감염으로 인해 비대면 예배를 드렸다. 지금도 대다수 한국 교회는 비대면 예배를 드리고 있다. 앞으로도 얼마나 비대면 예배를 드리게 될지 예상하기 어렵다.

한동안 아무도 없는 예배당에서 아무도 없는 곳을 바라보며 설교했

◆

148) Paul Scott Wilson, 네 페이지 설교(The Four Pages of the Sermon), 주승중 역(서울: 예배와 설교아카데미, 2013), 101-123.
149) 류응렬, "성경적 설교와 전달"(강의, Fuller Theological Seminary, Spring 2017).
150) 김은철, "이머징 문화와 설교"(강의, Fuller Theological Seminary, Fall 2015).

다. 물론 예배 자리가 꽉 차다 못해 북새통을 상상하면서, 수많은 성도와 함께 예배드린다고 상상하며 설교했다. 마치 눈맞춤을 하듯 이쪽저쪽 바라보기도 했고, 같이 웃는 것처럼 웃기도 했다. 상상은 자유라는 말처럼 맘껏 상상했다.

하지만 허전함은 어쩔 수 없었다. 설교 내내 부자연스러웠다. 원고를 읽고 또 읽고 숙지했지만 사고의 흐름도 뚝뚝 끊어졌다. 설교는 선포(Proclamation)이기도 하지만 소통(Communication)이다. 선포이든 소통이든 청중이 있어야 한다. 아무도 없는 곳에서 선포하는 것만큼 우스꽝스러운 일 없고 듣는 이 없는 곳에서 소통하겠다고 덤비는 것만큼 역설도 없다. 드러나는 것으로만 본다면 청중과 설교자 사이에 소통은 원활하지 않다.

설교자 혼자 말하고, 청중은 가끔 '아멘'이란 말로 반응할 따름이다. 가끔 설교자의 유머에 웃음으로 동참한다. 하지만 이면적으로는 활발한 소통이 일어난다. 서로의 눈빛, 표정, 태도로 소통한다. 짧은 순간 던지는 질문과 마음으로 주고받는 대답은 설교가 활발한 소통의 장이라는 것을 명백하게 보여준다.

이번 코로나 사태로 인해 설교가 적극적인 소통이라는 사실이 더욱 분명하게 드러났다. 설교자는 청중을 반드시 염두에 두어야 한다. 청중과 적극적인 소통을 해야 한다. 청중이 가진 질문을 미리 파악하고 생각해야 하며, 그 질문에 대답해야 한다.

청중을 고려하지 않은 채 일방적으로 쏟아내는 설교는 말 그대로 일방적이다. 본문의 문학 장르를 잘 고려하고, 문화 역사적 배경과 문맥을 고려하고, 본문의 의미를 충실하게 캐낸 성경적 설교를 준비해 놓고도 청중을 고려하지 않는 일방통행식 설교라면 아쉽다. 많이 아쉽다. 존 스토트의 말처럼 설교자는 본문과 현실 사이에 튼튼한 다리를 놓아야 한다. [151)

76.
존중해야 할 세 가지

"마르텐 와우스트라(Marten H. Woudstra) 박사는 목회자들과 설교자에게 이렇게 말씀하셨습니다. '나의 사랑하는 학생 여러분, 여러분은 얼마 있지 않아 '말씀과 성례의 수종자인 목사'가 될 것입니다. 나는 목회자가 될 여러분에게 다음의 세 가지를 존중하는 사역자가 되라고 감히 권면합니다. 첫째, 말씀(text)을 존중하십시오. 둘째, 강단(pulpit)을 존중하십시오. 셋째, 청중석(pew)을 존중하십시오.'"[152) 스승 류호준 교수의 글이다.

목회자는 말씀을 존중해야 한다. 목회자는 설교자다. 하나님 말씀의 사역자다. 그러므로 설교자는 말씀을 존중해야 한다. 자기 말과 생각 떠벌이는 일은 삼가야 한다. 설교자는 강단을 존중해야 한다.

강단은 연설장이 아니다. 강연장도 아니다. 하나님 말씀을 선포하는 곳이며, 하나님의 임재를 경험하는 곳이다. 두려워하는 마음과 떨리는 심정으로 강단에 올라야 한다. 설교자는 강단을 존중해야 한다. 설교자

◆

151) John R. W. Stott, Greg Scharf, 존 스토트의 설교: 말씀과 현실을 연결하는 살아 있는 설교(The Challenge of Preaching), 박지우 역(서울: IVP, 2019), 79-81.
152) 류호준, 교회에게 하고픈 말, (서울: 두란노, 2020), 149-153.

는 청중석을 존중해야 한다. 청중을 가볍게 여기거나 쉽게 생각해서는 안 된다.

하나님의 백성을 모욕해서는 안 된다. 빈부귀천, 남녀노소를 불문하고 존중해야 한다. 거룩한 굶주림을 가진 하나님의 자녀로 보아야 한다. 한 영혼 한 영혼을 사랑하고 생명의 양식을 정성껏 베풀어 주어야 한다. 설교자는 청중석을 존중해야 한다.

77.
단순하게 말하라

생텍쥐페리(Saint Exupery)는 "완벽함이란 더 이상 보탤 것이 남아 있지 않을 때가 아니라 더 이상 뺄 것이 없을 때 완성된다."고 했다. 메시지 작성에 있어 정말로 어려운 일은 중요하지만 '가장 중요하지 않은' 메시지를 제거하는 일이다. 단순하게 만든다고 최선은 아니다. 핵심을 담지 않은 단순함은 아무것도 아니다.

단순함 속에 핵심을 담아낸다면 영혼을 사로잡는 메시지를 전할 수 있다. 단순함은 핵심과 간결함의 결합이다. 핵심을 간결하게 담아내면 메시지는 내면에 오래도록 살아남는다. 속담 중에 '손 안에 든 한 마리 새가 덤불 속 두 마리보다 낫다.' '가는 말이 고와야 오는 말이 곱다.'가 대표적인 예다.

성경의 가르침도 다르지 않다. 예수의 말씀을 보라. "누구든지 남에게 대접받고 싶은 대로 남을 대접하라."(마 7:12) 예수의 이 한마디는 수천 년의 시간을 이겼을 뿐 아니라 전 세계 모든 사람의 가슴에 박혔으며, 수를 셀 수 없는 사람의 삶을 송두리째 바꾸어 놓았다.

설교자는 메시지를 가다듬고 또 가다듬어 핵심을 담아낸 간결한 문장을 만들어야 한다. 그 메시지가 청중의 삶을 변화시키고 이끌어간다. 마이클 퀵은 존 조왯(John Jowett)을 인용한다.

"내가 확신하는 것은, 우리가 그 설교의 주제를 수정하는 것처럼 분명하고도 간결하며 의미심장한 하나의 문장으로 정리해 내기 전까지 어떤 설교도 선포하거나 기록하기에 충분할 만큼 준비되었다고 할 수 없다는 것입니다. 그러한 문장을 만들어 내는 일은 내 설교 준비 과정에서 가장 어렵고 가장 힘들지만, 그만큼 가장 많은 열매를 거둘 수 있습니다."

마이클 퀵은 리차드 뷰스(Richard Bewes)도 인용한다.

"하나님께서 이 성경 구절을 통해서 말씀하시며 앞으로 조만간에 당신의 설교를 통해서 말씀하기를 원하는 한 가지 심오한 메시지를 찾아내는 것이야말로 설교 준비 과정에서 가장 힘든 부분이다. 성경 본문을 똑바로 이해하지 못하는 무능력 때문에 절망할 때면 여러분은 하나님 앞에 무릎을 꿇고 간절한 심정으로 뜻을 살필 것이다."[153]

◆
153) Michael J. Quicke, 전 방위 설교, 301.

78

설교자가 따를 규칙

로버트 잭스(Robert Jacksc)가 제시한 설교자가 따라야 할 오십 가지 규칙 중 몇 가지가 있다.

충고 10) 불필요하거나 추측하는 정보는 제거하고 요점을 간단하게 정리하라.

충고 18) 문학적인 표현은 피하라.

충고 20) 진부하고 상투적인 표현은 피하라.

충고 22) 가능하다면 삶 속에서 일어난 실제 이야기를 들려주라.

충고 45) 긍정적이고 적극적인 어조를 위해 2인칭보다 1인칭을 선호하라.

충고 49) 예수님처럼 설교하라. 말보다 행동으로 보여주라. [154]

불필요한 요소는 삭제, 추측해야 할 것 삭제, 요점을 간단명료하게. 문학적인 표현을 삼가라는 말은 엇갈린다. 어떤 사람은 시적으로 표현하라고 주장한다. 월터 브루그만(Walter Brueggemann)은 시인이 되라 말한다.

진부하고 상투적인 표현은 절대로 삼가야 한다. 이런 표현은 해 봐야 손해다. 청중은 이미 수백수천 번 들어서 말을 꺼내자마자 질릴 수 있다. 최고의 예화는 삶에서 일어난 실제 이야기, 자신의 경험이다. 남

---

154) Michael Quicke, 전방위 설교, 333-341.

의 이야기보다 자신의 이야기가 훨씬 힘이 있고, 진정성 있기 때문이다.

긍정적 표현을 사용해야 한다. 부정적으로 말하기보단 긍정적으로 말하는 것이 백번 낫다. 일인칭 언어를 사용하는 것이 효과적이다. 설교를 듣는 청중에게도 자신의 이야기처럼 들리도록 언어와 단어의 온도를 신중하게 선택해야 한다.

예수님처럼 설교하라. 삶으로 보여주라. 이건 진짜… 어처구니없는 도전이다. 그래도 어쩔 수 없다. 설교자는 아가리 파이터로[155] 끝나서는 안 된다. 언행일치, 신행일치를 위해 몸부림치는 모습이라도 보여줘야 한다.

79.
설명이 아니다

성경, 줄잡아 가장 가까운 저작물이 1900년 전이다. 성경, 오래 전 다른 시대, 다른 나라, 다른 문화를 살아간 사람의 글을 끌어 모아 묶은 책이다. 성경, 오늘을 살아가는 청중을 위해 기록된 과거의 책이다.

설교는 바로 이 성경에서 시작한다. 시대와 문화 이해, 언어적 해석은 설교에 필수 과정이다. 이런 의미에서 존 스토트는 설교를 성서와 현실 두 세계에 다리를 놓는 작업으로 묘사했다.[156]

◆

155) 비속어다. 적당한 단어를 찾지 못해 어감을 살리기 위해 비속어를 사용했다.
156) John R. W. Stott, Greg Scharf, 존 스토트의 설교, 79-81.

설교자는 성서를 연구해야 한다. 오래 전 저작이다 보니 연구해야 할 것이 많다. 이것저것 뒤적거리고 조사해야 할 부분이 많다. 이 과정 속에서 몰랐던 사실을 발견하고, 새로운 통찰을 찾아내기도 한다.

"와우!" "심봤다!" "이런 보석을 발견해 내다니!" 여기서 문제가 생긴다. 연구를 통해 발견한 보물을 일일이 설명하고 싶은 욕구다. 어떻게 이걸 뺄 수 있단 말인가? 어떻게 이걸 생략할 수 있단 말인가? 몰랐던 것을 알았으니 알려주고 싶은 마음이 들 수밖에 없다.

여기에서 함정이 생긴다. 설교는 설명이 아니다.[157] 설교 시간에 설명을 듣고 싶은 사람은 소수다. 하나도 없다고 말하고 싶지만, 그건 아닐 수 있으므로. 설명은 성경 공부 시간에 해야 한다. 설교자는 치열한 주석, 주해, 해석 작업을 거쳐서 소재를 찾아내고 발견해 내야 한다.

하지만 설교는 찾아낸 온갖 소재를 설명하는 시간이 아니라 찾아낸 소재로 메시지를 만들어 전하고 나누고 가르치고 선포하는 시간이다. 설교자여 설명하지 말고 설교하라. 굳이 설명해야 한다면 핵심만 간결하게 설명하라. 기억하라. 설명이 아니다. 설교다!

◆
157) 김도인은 보수적 교단일수록 설교에 설명이 많다고 주장한다. 청중에게 설명할 것이 아니라 설교해야 한다고 주장한다. "김도인과의 인터뷰" 대담 지혁철(광주, 2021. 1).

80

정치 성향도 말씀에 기초하라

정치 성향은 저마다 다르다. 한 가족이라도 제각각이다. 정치 성향은 성향에서 그치지 않는다. 때로는 거친 언어, 때로는 표독스러운 말로 서로 생채기를 내기 일쑤다. 가정에서조차 정치이야기는 하지 말자고 할 정도니 더 말해야 입만 아플 일이다. 사실은 간혹 강단에서 정치 이야기가 나온다.

좀 더 정확하게 말하자면 설교자의 정치 성향이 강단에서 거침없이 쏟아져 나온다. 설교자의 정치 성향이 절대적인 것이 아닐 텐데 절대적인 것처럼 터져 나오는 경우가 있다. 안 될 일이다.

강단은 설교자의 정치 성향을 강요하거나 강조하는 장이 아니다. 설교에서 자신의 정치 성향을 토로해서는 안 된다. 설교 시간은 하나님 말씀을 전하는 시간이다.

설교자에게 왜 정치 성향이 없겠는가. 그렇다고 해서 설교 시간에 정치 성향을 쏟아내서는 안 된다. 은근히 말하면 되는 것으로 오해하지 말라. 은근히 말하는 것이 더 얄미워 보인다.

설교자 대다수가 목회자다. 목회자는 하나님의 백성을 돌아보고 섬기고 이끌기 위해 부름받은 사람이다. 청중의 자리에는 보수파와 진보파, 진보적 보수파와 보수적 진보파, 중도적 보수파와 중도적 진보파, 중도파, 심지어 정치에 무관심한 무관심파까지 두루 뒤섞여 있다. 설교자는 그들의 목회자다.

정치 성향, 정치 신념이 없어야 한다는 말이 아니다. 강단에서, 설교 시간에 정치 놀음을 하지 말아야 한다는 말이다. 지금 한국 교회 모습을 보자면(물론 모든 교회는 아니다) 정치적이다. 종종 궁금할 때가 있다. 정치 성향, 정치 신념이 신앙보다 더 근간을 이루는가? 대답은 자명할 텐데 반대로 보인다. 정치 성향, 정치 신념 위에 신앙을 세우는 것처럼 보인다. 기가 찰 노릇이다.

그리스도인은 신앙 위에 모든 것을 세우는 사람이다. 신앙 위에 정치, 교육, 경제, 관계, 기호, 취미 생활, 여가 활동, 언어, 사고, 가치관, 심지어 가장 은밀한 사생활까지 세우는 사람이다. 정치 성향은 저마다 다를 수 있다. 하나님 말씀에 기초한 신앙으로 정치 성향, 정치 신념을 설명할 수 있다면 충분하다. 정치 성향으로 갈등할 것이 아니라 다름을 존중하는 문화가 교회 안에 자리 잡으면 좋겠다.

간혹 교인들 중에 목사의 정치 성향을 묻는 사람이 있다. 안타깝게 자신의 정치 성향과 같은지 묻기 위함이거나, 자신의 정치 성향에 동의하길 바라거나, 자신의 정치 성향이 옳다는 확증을 삼기 위함일 때가 많다.

그들과 반대 성향을 말한다면 대놓고 대립각을 세우거나 은근한 대립각을 세울 가능성이 높다. 같은 성향이라면 맞장구치며 물고 늘어질 가능성이 높다. 작심할 경우 지체와 이웃에게 불똥이 튈 수 있다. 기지를 발휘하여 그런 순간을 지혜롭게 극복하시길, 부디 휘둘리지 마시길, 설교자는 교회의 목회자라는 사실을 잊지 마시길.

81

팀 켈러에게 배우다

급변하는 시대, 복잡한 시대, 정보화 시대, 소비사회를 살아가는 청중의 가슴을 울리기 위해, 청중의 마음에 다가가기 위해, 삶의 변화를 일으키기 위해, 설교에 새로운 전략이 필요하다. 팀 켈러는 이렇게 말한다.

1) 정감 있게 하라.

2) 상상이 되게 하라.

3) 놀라게 하라.

4) 기억하기 쉽게 하라.

5) 그리스도 중심적으로 하라.

6) 적용 가능하게 하라.[158]

맨해튼 한복판에서 수십 년 간 목회한 팀 켈러의 훈수다. 객관적 진리를 거부하고, 지식의 불확실성에 시달리며, 권위를 의심하고, 소비주의 정신이 가득하며, 피로사회를 살아가며, 도덕의 절대 기준을 거부하는 시대다.

지나친 개인주의와 이기주의에 물든 이 시대의 청중에게 다가가기 위해 설교자는 반드시 설교를 재고하고 전략적으로 사고해야 한다. 본문의 권위에 무게 중심을 두되 청중에게 다가갈 수 있는 방법을 찾아야 한다. 노력할 가치가 있을 뿐 아니라, 하나님 말씀을 전해야 하는 막중

---

158) Timothy Keller, 팀 켈러의 설교(Preaching), 채경락 역(서울: 두란노, 2016), 223-251.

한 사명이 있기에 연구하고 노력하고 시도해야 한다. 굉장한 고수의 굉장한 훈수다.

팀 켈러가 제공하는 구체적인 설교 레슨을 들여다보자.

1) 예화가 없다. 팀 켈러는 예화를 사용하지 않는다. 청중이 가진 질문에서 설교를 시작한다.

2) 청중에게 익숙한 언어를 사용한다. 모호한 단어를 사용하지 않는다. 기독교인이 사용하는 언어는 철저하게 배제한다. 누가 들어도 이해할 수 있는 단어를 사용한다.

3) 설교의 전체 흐름을 서두에 제시한다. 말씀 개요를 설교 서두에 밝히고 시작한다. 가려운 곳을 긁는 질문과 치밀한 논리로 기대감을 상승시킨다.

4) 청중이 신뢰하는 자료를 인용한다. 특히 뉴요커가 신뢰하는 사람, 권위 있는 사람의 이야기를 인용한다. 그의 설교에서 예화에 해당하는 부분이라 할 수 있다. 뛰어난 학자, 시인, 소설가, 음악가, 권위 있는 잡지, 뉴요커가 보는 것들을 인용한다.

5) 청중의 의문을 존중하고 거기서 시작한다. 포스트모던 시대를 살아가는 사람은 의심한다. 그들의 의심을 존중하고, 그들이 의심하는 지점에서 시작한다.

6) 시대의 압박점을 역전시킨다. 이 시대가 품고 있는 의심, 기독교와 성경, 신앙을 압박하는 문제를 인정하되 역전시킨다. 그들의 의심, 그들의 믿음이 잘못된 근거 위에 있음을 밝히고 복음으로 그 의심을 해소한다. 예수의 복음이 줄 수 있는 것이 무엇인지 명확하게 밝히면서 의

심하는 자의 잘못된 믿음을 무장해제시킨다. 이미 믿음을 가진 자라면 그들의 믿음을 새롭게 한다.

7) 항상 복음을 설교한다. 켈러의 설교 마지막엔 항상 복음, 다시 말해 예수와 예수의 십자가가 등장한다. "이렇게 해야 한다. 저렇게 해야 한다. 이렇게 살아야 한다."와 같은 구체적인 삶의 적용이 생략될 때가 많다. 예수를 믿고 따르는 그리스도인을 향한 설교라기보다 의심하는 자와 구도자를 향한 설교이며 구체적인 적용을 제시하는 설교라기보다 복음을 제시하는 변증설교라고 판단한다. [159]

켈러는 어떤 주제를 다룰 때 주제에 따라오는 의심, 그 의심이 가진 잘못된 근거, 복음이 제시하는 새로운 안목, 예수의 십자가로 설교의 흐름을 이어 간다. 포인트가 명확하기 때문에 대지설교처럼 보이지만 대지설교라기보다 논리적 흐름을 따르는 설교라고 해야 한다. 굳이 대지설교라고 하자면, 논리가 연결되고 확장되는 대지설교라고 할 수 있다. 각설하고 설교 참 잘한다. 부럽다.

82.
앤디 스탠리에게 배우다

1) 원고를 보지 않는다. 단 한 번도 원고를 보지 않는다. 강단에 원고

159) Timothy Keller, 팀 켈러의 설교, 139-161.

자체가 보이지 않는다. 원고를 쓰지 않거나, 원고가 없는 것은 아니다. 그는 설교를 자신의 이야기로 내면화한다.

앤디 스탠리의 설교가 오래도록 기억에 남고, 설교에서 진정성을 느끼는 것은 설교 내내 청중과 눈을 맞추며 호흡을 같이 하기 때문이다. 특히 중요한 메시지를 전달하려거든 반드시 설교의 서론과 결론 부분을 외워야 한다고 말한다.[160)]

그는 자신만의 설교 지도를 가지고 원고 없이 설교한다. 앤디 스탠리는 설교 지도를 사용하여 설교의 전체 흐름을 기억한다. 그가 만든 설교 지도는 나(me)-우리(we)-하나님(God)-당신(you)-우리(we)이다.

세부적으로 살펴보면 다음과 같다.

• 나(Me): 이 단계에서 설교자는 자신의 경험이나, 현재 직면하는 문제를 소개한다. 또한 설교의 중심 주제를 청중에게 소개하는 단계다.

• 우리(We): 이 단계에서 청중과 설교자가 비슷한 문제 또는 동일한 문제를 갖고 있음을 보여준다. 설교자와 청중이 동일한 문제를 가지고 있다는 공통점을 토대로 공감을 형성하는 단계이다. 이 단계를 통해 청중은 설교의 주제가 자신에게 시의적절한 설교인지 확인하게 된다.

• 하나님(God): 이 단계에서 설교자와 청중이 공통적으로 가지고 있는 문제나 상황에 대해 하나님의 생각은 무엇인지, 하나님께서 무슨 말씀을 하시는지 찾는다. 당연히 그 주소는 성경 본문이다.

• 당신(You): 하나님 말씀과 대답을 들었으니 들은 하나님 말씀을 구

---

160) Andy Stanley, 최고의 설교자를 만드는 설교 코칭, 185.

체적인 행동으로 옮기도록 도전하는 단계다. 앤디 스탠리는 이 부분은 적용 단계라고 부른다.

• 우리(We): 마지막 단계로 모든 청중이 하나님 말씀대로 살아갈 때 교회 공동체와 그들이 속한 지역과 세상에 어떤 일이 일어날지 상상하고 생각하게 하는 다듬어진 문장을 제시하는 단계다. 앤디 스탠리에 따르면 이 부분이 영감을 담당하는 부분이다. 앤디 스탠리는 나 - 우리 - 하나님 - 당신- 우리라는 설교 지도를 바탕으로 설교를 구성하고 제시하고 진행한다.[161]

2) 청중과 함께 성경을 읽는다. 자막을 사용하지만 반드시 청중이 성경을 읽게 만든다. 성경이 있는 청중이라면 성경을 찾아서 읽게 한다. 설교자로서 그가 얼마나 성경을 존중하는지 보여줄 뿐 아니라 청중이 성경을 존중하고, 다시 펼쳐 읽게 하며, 한걸음 더 나아가 성경을 사랑하게 한다.

3) 미그리스도인을 포함한다. 그는 설교 현장에 그리스도인과 미그리스도인이 함께 있다고 가정한다.[162] 그의 설교는 그리스도인을 대상으로 할 뿐 아니라, 미그리스도인을 대상으로 한다.

4) 일상 언어를 사용한다. 미그리스도인이 자리에 있다고 가정하기 때문에 앤디 스탠리의 설교 언어는 쉽다. 그는 일상 언어를 사용하여 설교한다. 성경 인물이나 지명을 말할 때는 반드시 간단한 설명을 덧붙인

◆

161) Ibid., 154-155.
162) 한국 교회에서는 예수를 믿지 않는 사람을 비그리스도인이라고 말한다. 필자는 비그리스도인이라는 단어보다는 아직 예수를 믿지 않는 사람, 잠재적 그리스도인이 될 수 있다는 의미에서 미그리스도인이라는 단어를 선호한다.

다. 믿음, 은혜 같은 기독교에서 일상적인 단어를 사용할 때 명확한 의미를 선택해서 사용한다.

5) 청중의 관심사를 시리즈에 반드시 포함시킨다. 포스트모던 시대를 살아가는 청중의 관심사를 면밀히 살핀다. 앤디 스탠리의 설교 시리즈에는 대부분 돈, 섹스와 같은 주제를 포함한다. 청중의 관심사를 반영하기 때문이다.

6) 설교를 아우르는 한 문장을 제시한다. 그의 설교에서 가장 탁월한 부분 중 하나다. 앤디 스탠리는 설교 전체를 아우를 수 있는 한 문장을 제시한다. 이 한 문장을 만들기 위해 부단한 노력을 쏟아붓는다. 청중의 가슴에 가닿을 수 있는 한 문장, 예배를 마치고 돌아가는 청중이 집으로 가져갈 수 있는 한 문장을 만든다. 그 문장을 설교의 곳곳에서 반복한다. 핵심 사상을 담아낸 한 문장을 청중의 가슴과 머리에 깊게 각인시켜서 청중의 삶의 변화를 이끌어 내기 위함이다. 시리즈 제목은 시리즈의 방향 전체를 보여줄 뿐 아니라, 시리즈 전체를 요약한다. [163)]

7) 삶의 변화를 추구한다. 앤디 스탠리의 설교 목적은 삶의 변화다. 그는 삶의 변화를 추구하는 설교자다. 앤디 스탠리가 설교를 담아낸 한 문장에 집착하는 이유, 청중의 언어로 설교하는 이유, 청중의 관심사를 시리즈에 반드시 포함하는 이유는 바로 삶의 변화때문이다. 팀 켈러만큼이나 앤디 스탠리도 설교 참 잘한다. 부럽다. 배가 살살 아프다. 아니 동경한다. 나는 30호 설교자다.

◆

163) 김영봉, 설교자의 일주일, 395. 김영봉은 좋은 제목은 설교를 오래도록 기억하게 만드는 힘이 있다고 말한다.

83

팀 켈러와 앤디 스탠리의 공통점

1) 분명한 설교 철학.

이 두 설교자는 분명한 설교 철학을 가지고 있다.

2) 청중을 존중하는 태도.

청중의 의심을 존중할 뿐 아니라, 기독 신앙에 대해 회의하거나 심지어 의심하는 청중이 자리에 있다고 가정하고 설교한다. 두 설교자는 그 어떤 청중이라도 존중하며 청중을 존중하는 태도는 설교 내내 나타난다.

3) 청중과 적극적인 소통.

청중의 삶을 이해하기 위해 이 두 설교자가 얼마나 노력하는지 주목해야 한다. 그저 놀라울 따름이다. 설교하는 이 두 설교자의 표정과 얼굴을 주목해 보라. 대부분 밝은 얼굴로 청중과 끊임없이 시선을 맞추며 소통한다. 마치 청중이 아니라 나에게 설교하는 기분마저 들게 한다.

4) 철저한 설교 준비.

앤디 스탠리는 설교문을 통째로 암기한다. 팀 켈러 역시 거의 원고를 보지 않는다. 이것이 전부가 아니다. 이 두 설교자의 설교를 들어 보면 이 두 설교자가 얼마나 철저하게 설교를 준비했는지 입이 떡 벌어진다. 설교를 해본 사람이라면 누구나 짐작할 수 있다.

5) 성경의 권위를 존중하는 태도.

성경의 권위를 존중하지 않는 이 시대이다. 이 시대를 사는 청중의 모습도 크게 다르지 않다. 팀 켈러와 앤디 스탠리는 성경의 권위를 존중하며, 청중에게 성경을 존중하는 마음으로 읽어 보라고 말하기를 주저하지 않는다.

6) 탁월한 적실성.

이 두 설교자는 수천 년 전 이스라엘 땅에서 이스라엘 사람에 의해 기록된 성경을 오늘을 살아가는 청중의 이야기, 아니, 나의 이야기로 만들어 내는 귀재다. 속이 시원할 정도다.

7) 성경에 뿌리를 둔 교회론.

팀 켈러는 리디머 장로교회를 앤디 스탠리는 노스포인트 교회를 개척했다. 교회를 개척하면서부터 어떤 교회를 세울지 누구에게 다가갈 것인지 대상(목표)을 명확하게 하고 시작했다. 팀 켈러는 맨해튼의 회의론자들에게 복음을 제시하여 교회를 세웠고, 앤디 스탠리는 애틀랜타에 거주하는 수많은 미그리스도인을 대상으로 한 교회를 개척했다. 이 두 설교자가 가진 교회론은 성경에 뿌리를 두고 있으며, 그들이 꿈꾸었던 교회를 세워 가기 위해 가장 적합한 방식의 스타일로 설교한다. 그들이 가진 교회론이 그들의 설교 스타일에 영향을 끼쳤고, 그들의 설교가 그들이 꿈꾸었던 교회를 세우는데 크게 기여했다는 데는 의심의 여지가 추호도 없다.

EPISODE

모(母)교회에서 설교하기

　화삼교회(모교회)는 경남 통영군 용남면 화삼리 선촌에 자리 잡고 있다. 나는 부산에서 태어났다. 여섯 살 무렵부터 부모님 고향 선촌에서 자랐지만 난 부산을 고향이라고 했다. 그래야 좀 더 있어 보일 것 같아서였다. 하지만 누가 뭐라고 해도 내 고향, 내 집은 경남 통영군 용남면 화삼리 선촌 133의 15번지이다.

　부산에 대한 기억은 서너 개 단편적이고, 모든 소싯적 기억은 선촌과 동네 형들, 친구들, 동생들과 얽히고설켜 있다. 동네 어르신들은 코흘리개 시절부터 나를 보아오셨다. 인사를 잘하는 아이였다고 기억하고, 말썽쟁이 개구쟁이로도 기억하신다. 친구들과 고구마, 감자, 밤과 감을 서리해서 먹은 숱한 역사도 지켜보셨다. 어느 해 겨울 벼를 추수하고 집채만 하게 쌓아놓은 볏짚단에 불을 질러 온 동네를 발칵 뒤집어놓은 것도 아는 분들이다. 아, 이건 몇몇 분만 안다. 바로 부모님만.

　교회로 한정해도 크게 다르지 않다. 성도가 대부분 동네 어르신들이었다. 교회로 한정한다고 해서 나의 개구쟁이 시절이 사라지는 것도 아니다. 어느 날 교회 예배당에 박쥐가 날아들었다. 나는 아이들과 함께 방석을 집어 던져 박쥐를 잡으려 했다. 얼마나 많은 방석을 집어 던졌는지 모른다. 끝내 방석으로 박쥐를 때려잡았다. 그 난리법석을 피운 주동자가 바로 나다. 교회 어르신들은 그 역사의 현장도 목격하셨다.

강도사 때 모교회에서 설교를 하게 되었다. 내가 어떻게 자랐는지 모조리 다 아는 어르신들 앞에서, 내가 어떤 난리법석을 피웠는지 다 아는 어르신들 앞에서, 이제 갓 신대원을 졸업한 풋내기인 내가 하나님 말씀을 전하게 됐다. 군에서 첫 설교했던 때, 전도사 선 보러 가기 전 교회 목사님과 교역자들 앞에서 설교했던 때, 첫 사역을 시작했던 교회에서 전도사 선을 봤을 때보다 훨씬 더 긴장됐다.

동네사람들에게 "선지자가 자기 고향과 자기 집에서가 아니면 존경을 받지 않는 법이 없다."라고 말씀하신 예수님 생각이 절로 났다. 존경을 바라기는커녕 민폐가 아니길 바라는 마음이 간절했다.

설교를 마치고 강단에서 내려왔다. 예배당 출입구에 서서 돌아가는 어르신들께 머리 조아려 인사드렸다. 다들 뜨겁게 손을 잡아 주셨다. "아이고, 우리 지 강도사님! 매일 새벽마다 우리 지책철 강도사님과 장정석 전도사님을 위해 기도합니다!"라고 하며 손을 맞잡아 주시던 연로한 권사님, "지 강도사님, 열정적으로 말씀 전해 주셔서 고맙소."라고 하며 어깨를 토닥거려 주시는 안수집사님. 몸 둘 바를 몰랐다.

예배를 마치고 어머니 손잡고 집으로 돌아가면서, 그제야 나만큼이나 어르신들도 긴장하셨다는 사실을 알았다. 설교를 잘해서가 아니라 교회에서 배출한 첫 번째 강도사였기에 더욱 마음이 쓰이셨던 게다.

그날 저녁, 아버지께 물었다. "아버지, 오늘 설교 어땠습니까?" 한참 생각하시던 아버지께서 한마디 하셨다. "음, 나름 신선했다." 평생 3대지 설교만 들어온 아버지께 원 포인트(One Point) 설교는 신선할 수밖에 없었을 것이다. 옆에서 듣던 어머니께서 덧붙였다. "우리 지 강도사님, 수고했어요!" 설교 실습 3학기 때 지도교수님 피드백과 정확하게 같은 단어였다. 다만 그때 언어 온도와는 상당히 달랐다.

그 후 목사 안수를 받고 얼마 지나지 않아 모교회에서 또 설교를 하게 됐다. 강도사 때 설교를 잘해서가 아니라, 휴가 차 본가에 갔다가 목사님께 인사드리려 한 것이 화근이 되어 주일 오후예배 설교를 하게 됐다. 설교 부탁을 하시면서 "지 목사 덕분에 오후예배 한 번 쉬게 됐다."고 했던 모교회 담임 목사님.

음, 확실히 지난번 설교를 잘해서가 아니다. 목사님의 쉼을 위해 대타로 기용된 셈이다. 모교회에서 설교하면서 깨달은 바가 있다. 사투리때문에 걱정할 필요가 없다는 것과 발음이 이상해서 못 알아듣겠다는 분이 한 분도 없다는 사실이다.

예수님은 선지자는 고향과 자기 집 외에 존경받지 않은 적이 없다고 하셨다. 다른 곳에서는 존경받으셨다는 말씀이다. 생각이 뻗어나간다. 다른 곳에서도 존경받지 못하는 것은 나만의 이야기일까? 나는 선지자가 아니니 괜찮다고 스스로 위로한다.

팀 켈러와 앤디 스탠리 깊이 보기

팀 켈러와 앤디 스탠리는 미국뿐 아니라 우리나라를 넘어 전 세계 기독교에서 주목 받는 설교자요 목회자라는 데는 이견이 없다. 닮은 듯 다른 두 설교자의 설교를 조금 더 깊이 들여다보는 것은 오늘을 살아가는 한국 교회 설교자에게 유익할 것이다.

이 두 설교자는 우리보다 먼저, 우리보다 더 치열한 목회 현장에서 목회했고 설교했다. 단지 먼저 설교했다는 것에서 그치지 않고, 탁월한 설교로 세상을 변화시키는 아름다운 교회를 세우기도 했다.

한국 상황과 미국은 물론 여러 가지 면에서 차이가 있다. 그들의 설교 철학과 스타일을 아무 비판 없이 가져다 쓸 수는 없다. 그럼에도 이두 탁월한 설교자의 설교 노하우를 톺아보는 것만으로 충분한 의미가 있다고 생각한다. 그들의 설교의 공통점을 조금 더 깊이 살펴보자.

팀 켈러와 앤디 스탠리는 전혀 다른 지역에서 전혀 다른 청중을 대상으로 전혀 다른 스타일로 설교한다. 하지만 팀 켈러와 앤디 스탠리

사이에는 놀라운 공통점을 발견할 수 있다.

1) 분명한 설교 철학

팀 켈러는 리디머 교회가 위치한 뉴욕 맨해튼의 지성인들과 회의주의자들, 포스트모더니즘과 소비주의에 물든 청중의 삶을 복음으로 변화시키기 위해 설교한다. 앤디 스탠리는 노스포인트 교회가 위치한 애틀랜타의 미그리스도인과 성도들의 삶을 복음으로 변화시키기 위해 설교한다. 미그리스도인(물론 기존의 성도들도 포함한다)에게 복음을 제시하고, 복음으로 그들의 삶을 변화시키기 위한 분명한 설교 철학을 바탕으로 설교를 준비하고 실행한다는 부분에 있어서 공통점을 보인다.

2) 철저한 준비

철저한 설교 준비도 두 설교자의 공통점이다. 설교자요 신학자로서 팀 켈러의 폭넓고 깊은 독서는 정평이 자자하다. 한 편의 설교를 위해 다양한 잡지와 신학도서를 포함한 각종 다양한 분야의 권위자들을 읽는다. 한 편의 설교를 위해 논리적인 그물을 촘촘히 짜서 설득력 있게 제시한다. 얼마나 많은 노력을 쏟는지 충분히 짐작할 수 있는 대목이다.

앤디 스탠리도 다르지 않다. 본문으로 삼은 말씀에서 핵심 사상을 도출하기 위해 각고의 노력을 쏟는다. 이에 멈추지 않고 핵심 사상을 핵심 문장으로 만들기 위해 헌신한다. 청중을 염두에 두고 설교를 편집하고, 부지런히 가지치기를 하며, 자신만의 설교 지도에 따라 설교를 새롭게 편집한다. 핵심 사상을 드러내기 위해 불필요한 모든 것을 잘라낸다.

이 지점에서 두 설교자의 또 다른 공통점이 발생한다. 바로 명확성이다. 팀 켈러의 설교와 앤디 스탠리의 설교는 초점이 분명하다. 본문을 통해 전달하려는 핵심이 정확하게 드러나는 설교이다.

3) 청중 존중

팀 켈러와 앤디 스탠리가 가진 세 번째 공통점은 청중을 존중하는 태도이다. 두 설교자는 청중을 존중한다. 미그리스도인, 영적 구도자와 기존의 성도들 모두를 존중한다. 설교 내내 청중은 자신들이 존중받고 있다는 사실을 느낄 수 있다.

기독 신앙과는 다른 신앙을 가지고 있다거나, 다른 가치를 가지고 있다고 해도 여전히 존중받는다. 자신이 가진 신앙이나 가치를 당장 폐기처분해야 한다는 식의 강요나, 더 많이 헌신해야 한다는 부담감을 주지 않는다.

팀 켈러와 앤디 스탠리는 청중의 마음에 부담을 주지 않을 뿐 아니라 복음으로 더 나은 길을 제시하면서 스스로 생각하게 만들고, 기독 신앙을 받아들일 수 있도록 부드럽게 설득하고 격려한다.

기존 성도들에게는 복음의 가치를 따라 살아가도록 적실성 있는 적용을 제시하거나, 복음의 핵심을 제시하여 예수의 길을 따르게 한다. 청중을 향한 깊은 존중이 설교 전반에 흐르며, 이 같은 태도는 청중의 마음을 여는 따뜻한 햇살로 작용한다.

4) 적극적인 커뮤니케이션

두 설교자의 네 번째 공통점은 적극적인 커뮤니케이터라는 점이다. 팀 켈러는 청중에게 익숙한 단어를 사용하기 위해 각고의 노력을 쏟는다. 기독인에게 익숙한 용어를 버리고, 청중이 이해하기 쉬운 단어를 선택한다.

청중을 설득하기 위해 청중이 인정하는 권위를 인용한다. 이유는 단순하다. 청중과 적극적으로 소통하기 위해서이다. 앤디 스탠리도 다르지 않다. 앤디 스탠리 역시 청중에게 익숙한 단어를 사용하기 위해 노력한다.

청중이 성경을 알고 있을 것이라는 전제를 과감하게 삭제하고, 성경 인물이나 지명이 있다면 이해하기 쉽게 설명한다. 또 모호하게 들릴 수 있는 기독교 용어가 있다면 이해하기 쉬운 단어로 바꾸어 설명한다. 청중과 더 적극적으로 소통하기 위함이다.

팀 켈러와 앤디 스탠리 두 설교자는 그들의 설교가 청중의 가슴에 들리게 하기 위해 언어를 청중의 언어로 바꾼다. 알리스터 맥그래스 역시 현대 청중에게 다가가기 위해, 청중을 깨우기 위해, 현대 청중의 가슴에 들리는 설교를 위해 현대인에게 친숙한 이미지와 용어, 이야기를 사용해 기독 신앙의 핵심 개념과 주제를 설교해야 한다고 주장한다.[164]

팀 켈러와 앤디 스탠리는 설교 언어를 청중의 언어로 바꿀 뿐 아니라 더욱 적극적인 소통을 위해 잘 준비된 질문을 사용한다. 단순히 질

---

164) Alister E. McGrath, 알리스터 맥그래스의 기독교 변증, 31-33.

문을 던지는 것에서 멈추지 않고 청중과 같은 위치에 서서 질문을 던진다. 즉 청중을 향한 공감적인 태도를 가진다. 누구나 아는 사실이지만 세상을 살아가는 사람은 누구나 문제를 가지고 있다. 구체적인 문제의 종류는 물론 다르다.

하지만 큰 범주에서 본다면 비슷한 범주에 묶을 수 있는 문제와 질문을 가지고 있다. 두 설교자는 청중이 공감하는 질문을 준비하여 설교 중에 청중을 향해 잘 준비된 질문을 던진다. 그뿐만 아니라 공감을 보이면서 청중과 함께 생각하고, 함께 아파하며, 함께 울고 웃는다.

설교의 핵심을 담아낸 질문, 또는 청중이 던지는 질문을 던지고 공감한다. 던진 질문을 진지하고 일관성 있게 다르면서 대답한다. 이 같은 적극적인 소통을 바탕으로 청중이 설교에 집중하게 한다. 적극적인 소통으로 설교가 청중에게 이벤트로 다가가도록 한다.

5) 성경의 권위 인정

팀 켈러와 앤디 스탠리의 다섯 번째 공통점은 성경의 권위를 인정하고 존중한다는 점이다. 무신론자와 회의론자가 가득한 뉴욕 맨해튼 한복판에서 팀 켈러는 성경의 무오성을 인정할 뿐 아니라 성경의 권위를 인정한다. 그는 보수적인 관점에서 성경을 읽고 해석할 뿐 아니라, 탁월한 지성을 바탕으로 하나님 말씀인 성경을 풀어낸다.

팀 켈러는 성경에 대한 보수적 관점을 지키면서 청중의 문화와 가치를 존중할 뿐 아니라 성경이 보여주는 더 좋은 길, 더 나은 길, 복음의 길, 생명의 길을 그들에게 제시한다.

앤디 스탠리도 마찬가지다. 그는 성경의 권위를 존중한다. 설교자로서 본인이 성경의 권위를 인정하고 사랑할 뿐 아니라 청중으로 하여금 성경을 사랑하게 하고, 성경을 새롭게 또 진지하게 다시 읽게 하기 위해 노력한다. 성경의 권위를 인정하고 존중하며, 성경 본문의 깊은 의미를 캐내어 전달한다. 바른 해석을 위해 노력하고 바른 해석을 바탕으로 청중의 가슴에 들리는 설교, 청중의 삶을 변화시키는 설교, 청중에게 말씀 사건을 일으키기 위해 설교한다.

6) 탁월한 적실성

탁월한 설교자 팀 켈러와 앤디 스탠리가 보이는 여섯 번째 공통점은 적실성이다. 물론 둘의 관점과 방향성은 다르다. 청중이 다르기 때문이다.

팀 켈러는 뉴욕 맨해튼의 지성인의 잘못된 가설과 문화의 압점을 누른다. 적실성 있는 말씀이 그 핵심이다. 청중의 관심사, 그들이 보고 듣고 받아들이며 누리고 즐기는 문화의 신화를 벗기고, 허점을 드러낸다. 더 나아가 예수 그리스도의 복음이 훨씬 더 나은 길일 뿐 아니라 자유와 생명의 이르는 길이라는 사실을 적실성 있는 언어와 적용으로 풀어낸다.

앤디 스탠리도 이와 같다. 그는 자신이 목회하는 교회 구성원의 삶을 바꾸는 것에 설교의 목표를 두고 있다. 설교 자체가 적용 중심의 설교일 수밖에 없다. 적실성은 적용의 생명이며, 변화를 위해 반드시 확보해야 할 대목이다. 적실성을 확보하기 위해 끊임없이 고민한다.

앤디 스탠리는 시리즈 설교를 기획하면서 시리즈 전체를 삶의 변화에 초점 맞출 뿐 아니라 각 한 편의 설교 역시 청중의 삶의 변화를 목표로 삼는다. 설교의 적실성을 확보하기 위해 그는 현대인들의 관심을 끌고 있는 돈과 성적 순결에 관한 문제를 거의 모든 설교에서 다룬다.[165]

두 명의 탁월한 설교가는 적실성이라는 공통분모로 청중에게 말씀 사건을 일으키고 있다.

7) 성경에 기초한 교회론

팀 켈러와 앤디 스탠리의 마지막 공통점은 분명한 교회론이다.

팀 켈러는 뉴욕 맨해튼 한복판을 살아가는 회의론자들을 초대한다. 그들에게 여전히 복음이 매력적이며 복음이 해답이 될 수 있음을 증명한다. 도시를 복음화 하는 교회,[166] 교회를 개척하는 교회를 꿈꾸며 달려가고 있다.[167] 뉴요커에게 복음으로 다가가기 위해 문화 참여를 두려워하지 않는다. 팀 켈러는 명확한 교회론 위에 도시를 변화시키는 교회를 세워 가고 있으며, 교회와 교회 개척을 통해 도시 문화

◆

165) 앤디 스탠리는 돈과 섹스가 현대인의 가장 큰 관심사라고 지적하면서 그가 기획하는 거의 모든 설교에서 금전의 문제와 성적 순결의 문제를 다룬다. Andy Stanley, 최고의 설교자를 만드는 설교 코칭, 125.

166) 팀 켈러는 그리스도를 따르는 자들의 공동체는 지상의 도시 안에 있는 하나님의 도시라고 주장한다. 물론 그리스도인의 궁극적인 충성은 하나님과 그분의 나라에 있다. 하지만 신자들은 단순히 이 땅의 도시를 지나가는 것이 아니다. 유대인 유배자들이 바벨론을 향해 부름 받았던 것처럼 균형 잡힌 태도와 마음가짐으로 도시 생활에 참여해야 한다고 주장한다. 도시를 위해 기도해야 하며, 도시의 긴장을 받아들이고 포용해야 한다고 주장한다. 하나님의 새로운 인류로서 교회는 전도와 제자 삼는 사역을 통해 번성해야 한다고 말한다. 도시에 대한 팀 켈러의 주장은 그의 책 센터처치 183-511쪽에 걸쳐 광범위하고 매우 상세하게 다룬다. Timothy Keller, 센터처치, 314-315.

167) 팀 켈러는 City to City 사역을 통해 세계 주요 도시에 교회를 개척하고 있다. 현재 748개의 교회를 세계 주요 도시에서 개척했다. 교회 개척은 교회를 통해 도시를 변혁시키려는 팀 켈러의 명확한 교회론에 뿌리를 내리고 있다. https://redeemercitytocity.com/(2020. 9. 15. 접속)

생태계를 변혁시키는 도전을 수행하고 있다.

앤디 스탠리 역시 명확한 교회론 위에 노스포인트 교회를 세워 가고 있다. 그는 노스포인트 교회를 세울 때부터 미그리스도인을 위한 교회를 세우기로 결정했다. 기존 신자를 빼 가는 수평 이동이 아니라 미그리스도인을 복음으로 구원하고 변화시키기 위한 교회를 세웠다.

목회자요 교회 지도자 앤디 스탠리의 교회론이 무엇인지 들어보자. "교회를 예수께서 원래 의도하셨던 방향으로 이끄는 것이 당신의 책임이다. 당신은 예수님의 특정한 모임으로 부름 받았다. 그 모임의 사명을 흠 없이 보존하는 것이 지도자로서 당신의 과제다. 교회는 아직 진행 중인 사람들의 모임이다. 당신에게 맡겨진 교회가 계속 그런 모임의 기능을 다하게 하는 것이 당신의 책임이다. 교회는 헌신과 지식을 갖춘 열성파 신자들뿐 아니라 호기심에 찬 사람들, 확신이 없는 사람들, 회의적인 사람들, 한때 믿었던 사람들, 깨어진 사람들도 함께 모이는 곳이다. 이 모임의 구심점은 베드로의 고백대로 예수께서 그리스도이며 살아 계신 하나님의 아들이라는 사실이다."[168]

앤디 스탠리는 처음부터 미그리스도인을 목표로 삼았다. 교회는 세상의 소금과 빛이 되어야 함을 믿고 세상 속에 소금과 빛이 되는 교회를 세우기 위해 헌신했다. 그 결과가 지금 우리가 보고 있는 노스포인트 교회의 모습이다.

◆
168) 앤디 스탠리는 그의 책 노스포인트 교회 이야기에서 2장 전체를 그가 가진 교회론을 설명하는데 할애한다. 노스포인트 교회가 서 있는 교회론의 성경적 정당성을 확보하며, 미그리스도인에게 다가가는 교회가 되어야 할 정당성에 대해 심도 있게 피력한다. 그의 교회론에 대해서는 노스포인트 교회 이야기, 55-109쪽을 참고하라. Andy Stanley, 노스포인트 교회 이야기, 104.

팀 켈러와 앤디 스탠리는 선교적 교회라는 공통분모를 가진다. 더 큰 시선에서 두 설교자는 명확한 교회론을 가지고 있다. 팀 켈러와 앤디 스탠리가 가진 성경에 근거한 명확한 교회론은 설교의 방향과 내용에도 지대한 영향을 끼친다.

교회론은 두 설교자가 보이는 청중을 존중할 뿐 아니라 청중이 속한 문화를 존중하는 설교, 청중이 쉽게 이해할 수 있는 설교, 가슴에 들리는 설교, 삶을 변화시키는 설교, 말씀 사건을 일으키는 이벤트 설교의 초석이다. 팀 켈러와 앤디 스탠리는 그들이 가진 교회론 위에 건강하고 아름다우며 역동적인 교회를 세웠고, 지금도 세워 가고 있다.

팀 켈러와 앤디 스탠리는 전혀 다른 성장 배경을 가지고 있다. 그들이 목회하는 장소도 다르다. 청중도 다르다. 주지하다시피 팀 켈러는 회의주의자와 세속 가치를 추구하는 사람들이 가득 모인 뉴욕 맨해튼에서 목회하는 반면 앤디 스탠리는 바이블벨트 지역에 속한 애틀랜타에서 목회한다.

자연스럽게 각 교회를 구성하는 청중의 관심사와 배경, 청중이 가진 성향도 다를 수밖에 없다. 하지만 이 두 탁월한 설교자는 분명한 설교 철학, 철저한 설교 준비, 청중 존중, 청중과 적극적으로 소통하는 자세, 성경의 권위를 인정하는 태도, 적실성 그리고 명확한 교회론이라는 공통점을 가지고 있다.

이 같은 설교 원리를 바탕으로 팀 켈러와 앤디 스탠리는 북미뿐 아니라 우리나라와 전 세계 기독교가 주목할 만한 변화와 성장, 영향력을 끼치고 있다. 팀 켈러와 앤디 스탠리의 공통점은 절묘하게도 한국 교회 설교자가 보이는 아쉬운 점과 일치하는 대목이 많다. 명확한 설교 철학, 철저한 준비, 청중 존중, 청중과 적극적인 커뮤니케이션, 탁월한 적실성, 성경에 기초한 교회론은 한국 교회 목회자요 설교자가 반드시 배워야 할 부분이라 할 수 있다.

Part 08

설교의 실제 (Ⅱ)

하나님께서 말씀하시면 항상 변화가 일어났다. 천지 창조 때를 떠올려 보라. 하나님이 말씀하시면 무질서에 질서가 부여되었고, 아름답지 않은 곳이 아름답게 변했으며, 생명이 없던 곳에 생명이 꽃을 피웠다. 하나님께서 말씀을 주신 이유는 무엇일까? 왜 성경을 기록하게 하시고, 때마다 시마다 찾아오셔서 말씀하신 것일까? 우리가 다 헤아릴 수 없는 크고 많은 그리고 중요한 이유가 있을 것이다. 그 중 하나가 변화이다. - 245쪽 중에서

84.

남는 설교

좋은 설교란 무엇일까? 좋은 설교는 설명하지 않고 보여준다. 물론 아무리 좋은 설교라도 잊혀지기 마련이지만 좋은 설교일수록 뭔가를 남긴다. 시간이 흘러도 그때 받은 느낌만은 남아 있다. 그것이 좋은 설교다.[169]

어떤 설교가 좋은 설교인지 정의하기 참 어려웠다. 이정일이 대답해 주었다. 좋은 설교에 대한 여러 가지 정의가 있겠지만 맘에 드는 정의 중 하나다. 무언가를 남기는 설교, 설교자 자신의 마음과 생각에 무언가를 남길 뿐 아니라 청중의 마음과 생각과 삶에 흔적을 남기고 자취를 남기는 설교는 분명 좋은 설교다.

설교자는 기억해야 한다. 아무것도 남기지 못하는 설교는 좋은 설교가 아니라는 것을. 잔뜩 설명해 봐야 남길 수 있는 것은 지루했다는 느낌뿐이라는 사실을. 설교자 자신에게조차 자취를 남기지 못하는 설교라면 청중이 무언가 마음에 담고 돌아가길 바라는 것은 도둑놈 심보라는 사실을.

◆
169) 이정일, 문학은 어떻게 신앙을 더 깊게 만드는가?(서울: 예책, 2020), 201.

85.

구체적인 설교

훌륭한 설교란 복잡하고 학구적인 것보다는 구체적이고 명확한 설명으로 이루어진다.[170] 좋은 설교, 훌륭한 설교, 탁월한 설교, 말하긴 쉬워도 정의하긴 어렵다. 브라이언 채플에 따르면 좋은 설교란 학자연하는 설교, 상아탑 설교, 현실과 동떨어져 허공답보(虛空踏步)[171] 하는 설교가 아니라 구체적인 설교, 명확한 설교, 현실에 뿌리내린 설교이다.

86.

연습한 설교

"연습은 실전처럼 실전은 연습처럼" 누구나 아는 격언이다. 모든 운동선수는 연습한다. 그들에게 연습은 곧 훈련이다. 축구 선수라면 슈팅, 패스, 드리블, 트래핑, 프리킥을 훈련한다. 전술을 훈련하고 반복해서 훈련한다. 야구 선수라면 배팅, 번트, 펑고, 캐치볼을 연습하고 각종 투구를 연습한다. 어느 종목이건 상관없다. 연습하지 않는 선수는 더 이상 선수가 아니다.

설교자도 설교를 연습해야 한다. 강단에 오르기 전 설교를 연습해야

◆

170) Bryan Chapell, 그리스도 중심의 설교, 170.
171) 무협지에서 가져온 아이디어이다. 본래 뜻은 허공을 밟듯이 하늘을 걸어 다니는 뛰어난 내공과 실력을 말하지만 여기서는 현실과 동떨어진 허공을 걸어 다니는 설교를 뜻한다.

한다. 어떻게 시작할지 신중하게 첫 문장을 고르는 연습을 해야 한다. 시간은 얼마나 소요되는지 점검하며 연습해야 한다. 설교의 흐름을 익히기 위해 연습해야 한다.

글로 쓴 것을 말로 해보면 어색한 부분이 있기 마련이다. 연습하면서 그 부분을 찾아내고 수정하고 또 연습해야 한다. 모든 훌륭한 선수가 반복적인 연습(훈련), 강도 높은 연습(훈련)을 한다. 심지어 많은 돈을 주고 코치를 고용해서 연습(훈련)한다. 자신에게 부족한 부분이 무엇인지 찾아내고 연습을 통해 보완한다.

설교자도 그래야 한다. 반복해서 설교를 연습하고 강도 높은 연습을 해야 한다. 자신에게 부족한 부분이 무엇인지 비용을 지불하면서 연습해야 한다. 이런 의미에서 설교자는 태어나기도 하지만 만들어진다고도 할 수 있다.

87.
고 쳐 쓴 설 교

당나라에 '가도'라는 시인이 있었다. 어느 날 그는 나귀 등에 앉아 길을 가면서 무언가 중얼거리고 있었다. "'밀다'로 할까? 아니야, '두드린다'가 더 좋아. 아니지 '밀다'가 더 좋은 것 같아. 아니라고 '두드리다'가 더 나은 것 같아. 아~ 거 참, 헷갈리네." 가도는 고(敲)로 할까, 퇴(推)로 할까 갈피를 잡지 못했다.

'퇴고(推敲)'는 여기에서 비롯했다. 글자 그대로 해석하면 미는 것과 두드리는 것이지만 글을 쓸 때 여러 번 생각해 잘 어울리도록 다듬고 고치는 일을 뜻한다.[172] 좋은 글은 명료하고, 경제적이며, 우아하다.[173] 명료하고 경제적이며 우아한 글은 단번에 써지지 않는다. 생각하고 고쳐쓰고 생각하고 또 다시 고쳐 써야 한다. 퇴고의 시간을 거치고 거치면서 명료하고 경제적이며 우아한 글이 탄생한다.

설교는 글쓰기다.[174] 설교는 좋은 글에서 시작한다. 명료하고 경제적이며 우아한 좋은 글을 쓸 때에 비로소 명료하고 아름다운 좋은 설교는 시작한다. 반복해서 말하지만 좋은 글은 고쳐 쓴 글이다.

설교문도 다르지 않다. 설교자는 생각을 글로 표현해야 한다. 생각을 글로 표현하기란 여간 어렵지 않다. 퇴고가 필요한 이유다. 고쳐 쓰고, 또 고쳐 쓰고, 또 고쳐 써야 한다. 좋은 설교는 고쳐 쓴 설교다. 좋은 설교는 좋은 글에서 시작하고 좋은 글은 반드시 고쳐 쓴 글이기 때문이다. 고쳐 쓰기는 쉽지 않다. 고독하다. 그러나 고쳐 쓰다 보면 덤으로 얻는 게 있다. 원고 암기다. 원고를 가다듬고 가다듬고 또 가다듬다 보면 설교가 저절로 외워진다. 아름다운 일이다.

---

172) 네이버 지식백과 참고.
173) 류호준은 글은 반드시 명료해야 하며, 경제적이어야 한다고 말한다. 한걸음 더 나아가 우아하다면 더할 나위 없다고 말한다. "류호준 교수와의 인터뷰" 대담 지혁철(광주, 2021. 1).
174) 김도인의 책 『설교는 글쓰기다』에서 빌려왔다.

88

삶을 변화시키는 설교

하나님께서 말씀하시면 항상 변화가 일어났다. 천지 창조 때를 떠올려 보라. 하나님이 말씀하시면 무질서에 질서가 부여되었고, 아름답지 않은 곳이 아름답게 변했으며, 생명이 없던 곳에 생명이 꽃을 피웠다.

하나님께서 말씀을 주신 이유는 무엇일까? 왜 성경을 기록하게 하시고, 때마다 시마다 찾아오셔서 말씀하신 것일까? 우리가 다 헤아릴 수 없는 크고 많은 그리고 중요한 이유가 있을 것이다. 그 중 하나가 변화이다.

구약 시대를 떠올려 보자. 하나님은 기라성 같은 믿음의 사람을 통해 말씀하셨다. 하나님의 백성이 그 말씀을 듣고 말씀을 붙들고 하나님께 신뢰를 두고 살아가길 바라셨기 때문이다. 특별히 선지서를 주목해 보라. 하나님께서 때마다 선지자를 보내셔서 말씀하신 이유는 이스라엘 백성이 돌이켜 이전과 다른 삶을 살아가길 바라셨기 때문이다. 하나님은 변화를 원하셨다. 하나님의 백성이 다른 삶, 바른 삶, 변화된 삶을 살아가길 원하셨다.

신약 시대는 어떨까? 예수께서 이 땅에 오셔서 하나님 나라의 복음을 전하셨다. 가시는 곳마다 하나님 나라를 가르치셨다. 하나님 나라에 소망을 두고 이 땅에서 나그네의 삶을 바르게 또 다르게 살아가길 원하셨다. 사도행전이나 서신서로 넘어가면 변화를 촉구하는 말씀은 더욱 구체적이고 분명해진다. 사도 바울을 통해 베드로, 야고보, 요한 사도를 통해 하나님은 주의 몸 된 교회에게 하나님 나라에 소망을 두고 세상 속에서 세상과 다르게 살아가라고 말씀하시고 또 말씀하셨다.

구약의 말씀, 신약의 말씀을 막론하고 하나님 말씀은 변화를 일으켰다. 하나님 말씀이 선포되는 곳에는 항상 변화가 일어났다. 하나님 말씀은 변화시키는 말씀이다. 설교는 하나님 말씀에 닻을 내린다.

설교는 하나님 말씀에서 시작한다. 설교는 선포된 하나님 말씀이다. 설교를 통해 하나님은 말씀하시고, 오늘을 살아가는 성도를 향하신 하나님의 마음과 뜻을 가르쳐주신다. 하나님의 백성답게 살아가라고 말씀하시고, 하나님의 백성답게 살아갈 이유를 가르쳐주시며, 하나님의 백성이 추구해야 할 삶의 내용과 방향을 반복해서 보여주신다.

그러므로 하나님 말씀(신·구약성경)에서 시작하는 설교는 삶의 변화를 일으킬 수밖에 없다. 좋은 설교를 정의하기란 무척 어렵다. 하지만 한 가지 분명한 것이 있다. 좋은 설교는 삶의 변화를 추구하는 설교이며 무엇보다 좋은 설교는 삶을 변화시키는 설교다.

89.
장례 설교 (1)

장례 설교는 어렵다. 고인과 관계가 없을 땐 더더욱, 고인이 예수를 모를 땐 더 더더욱, 장례 설교를 준비할 땐 고인의 삶을 조사해 보아야 한다. 어떤 시대를 사셨는지, 어떤 삶을 사셨는지, 어떤 삶의 흔적을 남기셨는지. 영정사진을 자세히 살펴보는 것도 도움이 된다. 링컨의 말처럼 나이 사십을 넘기면 자기 얼굴에 책임을 져야 하기 때문이다. 삶의 흔적, 삶의 태도가 얼굴에 묻어난다.

장례 설교 때는 유족을 위로해야 한다. 설교는 죽은 자를 위함이 아니라 그 자리에 모여 있는 산 자를 위함이라는 사실을 간과해서는 안 된다. 하나님 말씀으로 유족을 위로하라. 갑작스러운 죽음이라면, 가슴 아픈 죽음이라면 유족과 함께 슬퍼하라. 어설픈 말보다 같이 우는 것이 백번 낫다. 호상이라 불리는 죽음이 있다. 과연 그럴까? 세상에 좋은 죽음은 없다. 모든 죽음은 어색하고 아프고 상처를 남긴다. 호상이라 불리는 장례에도 유족은 여전히 위로가 필요하다.

고인의 삶을 반추하고 나눌 수 있는 이야기가 있다면 수집하라. 유족으로부터 경청하라. 장례 설교 때 고인의 삶 이야기 한 자락을 나누라. 유족에겐 고인을 추억하게 하며 참여자에겐 고인이 어떤 사람인지 알려주라. 장례 설교는 그래야 한다.

90.

장 례 설 교 (2)

장례 설교는 삶의 방향을 점검하는 시간이다. 장례 설교는 삶의 방향을 점검하는 나침반이다. 사람은 누구나 죽는다. 평소엔 죽지 않을 것처럼 살아간다. 하지만 가족의 죽음 앞에 서면 죽음을 생각한다. 죽음 앞에서 대다수 사람은 어떻게 살아야 하는지 생각한다.

장례 설교는 가족을 사랑하고 하나님을 사랑하며 이웃을 사랑하며 살라는 삶의 방향을 들려줄 수 있는 절호의 기회다. 무엇보다 복음을 들려주어야 한다. 유족이 예수를 믿건 믿지 않건 상관없다. 예수를 믿는 유족 역시 예수의 복음을 들어야 하고 예수를 아직 믿지 않는 유족이라면 더더욱 들어야 한다.

장례 설교는 어렵다. 그렇기 때문에 잘 준비된 장례 설교는 더욱 은혜가 넘치고 영광스러우며 힘이 있다. 기회가 닿는 대로 장례 설교를 충실하게 준비하라. 설교의 새로운 지평이 열리는 것을 경험할 것이다.

91.
시 리 즈 설 교 의 장 · 단 점

시리즈 설교(연속설교)는 장점과 단점이 분명하다. 시리즈 설교이기 때문에 본문과 제목이 먼저 나온다. 본문과 제목을 정하는 일이 얼마나 힘든지 설교자라면 누구나 안다.

이런 면에서 시리즈 설교는 설교자의 짐을 덜어준다. 기대감도 시리즈 설교의 장점이다. 만약 시리즈 첫 설교가 훌륭하다면 계속적인 기대감을 불러일으킬 것이다. 다양한 채널로 본문과 제목(주제)을 공지한다면 더 큰 기대감을 일으킬 수 있다. 명확한 주제를 따라 시리즈 설교를 기획한다면 시대적 요청이나, 청중의 관심사를 다룰 수 있다. 적실성을 확보할 수 있다는 뜻이다.

시리즈 설교의 단점도 있다. 미리 준비해야 한다. 4-6회에 이르는 설교 본문과 제목을 미리 정하기란 쉽지 않다. 아니, 정확하게 말하면 상당한 에너지와 집중력을 필요로 한다. 첫 설교가 기대 이하라면 나머지 시리즈 내내 고전할 가능성이 높다. 반전을 일으킬 수 있지만 이미 낮아진 기대감을 끌어올리기란 쉬운 일이 아니다. 돌발적인 상황이나 갑작스레 대두되는 사회적 이슈에 대처하기가 쉽지 않다.

장단점이 명확하지만 시리즈 설교는 분명 강점이 크다. 잘 기획해서 시리즈 설교를 준비한다면 하나님 말씀으로 성도를 가르쳐 시대를 보는 안목을 기를 수 있다. 한걸음 더 나아가 시대적 상황이나 이슈에 관한 성경적 이해와 해석을 가능하게 할 것이다.

92.
시리즈 설교 준비하기

시리즈 설교를 어떻게 준비해야 할지 구체적으로 살펴보자.

1) 성경이 제공하는 시리즈 설교

성경에는 십계명, 5대 제사, 예수의 세 가지 시험, 성령의 9가지 열매, 일곱 교회에게 주신 말씀, 요한복음에 나타난 7가지 이적, 주기도문, 팔복 등 자체적으로 시리즈 설교를 제공하는 말씀이 있다. 어렵게 생각할 필요 없이 시리즈 제목을 잘 정해서 설교하면 된다. 주의 사항! 너무 익숙한 말씀이어서 뻔~하게 설교하기 쉽다. 더 깊은 묵상과 철저한 준비가 필수다.

2) 성경 각 권으로 설교하기

성경 각 권을 신중히 선택해서 시리즈로 설교할 수 있다. 성경을 깊이 묵상하고 배우며 적용할 수 있는 시리즈로 만들 수 있다.

주의 사항! 앞서 말한 것처럼 성경을 신중하게 선택해야 한다. 경우에 따라 수년 간 한 책에 묶일 수도 있다. 마틴 로이드 존스(David Martyn Lloyd-Jones)라면 더없이 은혜롭겠지만 우리 대부분은 마틴 로이드 존스가 아니다. 각 권을 선택할 경우 시리즈를 사건 중심으로 설교할지, 인물 중심으로 설교할지, 그 성경의 핵심 사상을 설교할지 미리 결정하는 것이 좋다.

또한 시리즈의 적절한 회수도 고려해야 한다. 자칫 잘못하면 삼 년간 한 권만 설교하고도 다 끝내지 못할 수도 있다. 지나친 감이 있다. 선지서와 같은 경우라면 전체 흐름과 중심 주제 시리즈 횟수를 미리 고려해야 한다. 선지서는 비슷한 내용이 반복되는 경우가 많다. 성경의 흐름을 미리 파악하고 밑그림을 준비하지 않은 채 시작하면 거의 비슷한 내용을 수 주간에 걸쳐 반복해서 다루어야 하는 쓴맛을 볼 수도 있다.

3) 성경이 관심 있게 다루는 주제

하나님 나라, 교회란 무엇인가, 사도신경, 그리스도인의 미덕, 제자입니까, 죽음에 이르는 일곱 가지 죄, 사랑이란 무엇인가, 하나님 더 알아가기, 교리 등 성경이 관심 있게 다루는 주제를 시리즈로 기획 설교할 수 있다.

주의 사항! 그야말로 엄청난 준비와 수고가 필요하다. 성경 전체를 아우르는 안목과 실력이 필요하다. 교리를 공부해야 할 뿐 아니라 교리를 교리처럼 보이지 않게 설교해야 하는 노력도 필요하다. 설교는 설명이 아니며 강의도 아니기 때문이다. 균형을 잃어버린 시리즈가 되지 않으려면 시리즈 횟수에 맞춰 핵심 내용을 잘 분배해야 한다.

4) 청중에게 꼭 필요한 주제

말, 마음, 돈, 관계, 일과 신앙, 정체성, 리더십, 그리스도인 어떻게 살 것인가 등 주제만으로도 흥미를 확 잡아끄는 시리즈를 설교할 수 있다. 성도의 관심을 사로잡기 알맞은 시리즈다. 성도의 삶에 꼭 필요한 주제를 선정하여 시리즈로 설교할 수 있다.

주의 사항! 자칫 잘못하면 관심만 사로잡고 채워주지 못한다면 기대감은 바닥을 치고 속았다는 느낌마저 줄 수 있다. 설교라는 미명 아래 성경이 아니라 설교자가 하고 싶은 잔소리를 늘어놓을 수도 있다. 관심을 사로잡았다면 반드시 관심을 충족시켜야 한다. 그만큼 철저한 준비가 필요한 셈이다.

가장 흥미로운 시리즈면서 가장 위험한 시리즈이기도 하다. 양날의 검이다. 목회적 소양이 필요하며 청중과 깊은 인격적 교제가 기초될 때 가장 적합한 주제를 찾을 수 있다. 물론 표적 설교는 절대 금물이다.

5) 시대적 이슈를 시리즈로 설교하기

코로나 시대를 사는 그리스도인, 환경 문제, 자살, 고독사, 이혼, 웰빙(Wellbeing), 낙태, 혼밥 혼술 등 시대적 이슈를 말씀으로 조명해 보는 시리즈 설교이다. 민감한 사회 문제에 대해 하나님은 무엇을 말씀하시는지 가르칠 수 있다. 시대를 꿰뚫어 보는 안목과 성경에서 대답을 찾아낼 수 있는 실력이 필요하다. 그렇지 못하면 뇌관만 건드리고 폭탄을 해체하지 못하는 실수를 저지르게 된다.

주의 사항! 시대적 이슈가 무엇인지 정확하게 진단해야 하고 그에 대해 성경으로 정확하게 조망해야 한다. 헛다리 짚으면 그만큼 웃기고 모양 빠지는 일이 없다. 제대로 짚어놓고도 성경으로 정확하게 조망하지 못한다면 안 하니만 못하다. 다른 설교도 다르지 않지만 시리즈 설교는 철저한 준비가 우선이다. 한 시리즈로 몇 회 설교할지, 어떤 시리즈 주제로 설교할지 신중하게 준비하고 시작해야 한다.

EPISODE

이보다 더 큰 영광은 없다

비판 받은 일과 굴욕 당한 일을 고백했다. 비판만 받고 굴욕만 당한 것은 아니다. 칭찬 받은 모든 기억을 낱낱이 끌어모았다. 사실 나에겐 잊을 수 없는, 기억할 수밖에 없는 일이기도 하다. 칭찬받았던 여정도 한 조각은 가끔 기억을 들춰보면서 새로운 힘을 얻는다.

사역하던 교회를 사임하던 날 고별 설교를 했다. 앞서 고백한 것처럼 금요기도회 사건 이후 설교 기회를 거의 얻지 못했다. 고별 설교를 마친 후 담임 목사님께서 등단하셨다. 나를 쳐다보고 빙긋 웃으시더니 성도들을 향해 이렇게 말씀하셨다.

"지혁철 목사님이 이렇게 설교를 잘하는 줄 미처 몰랐습니다. 진작 알았다면 설교를 더 시켰을 텐데 말입니다."

떠나는 새까만 후배이자 제자 목사를 위로하고 격려하기 위한 말씀이었다. 그러면 어떠랴. 나는 액면 그대로 받아들이기로 했다.

그리고 첫 유학 시절 사역하던 교회에서 새벽기도를 마친 후였다. '굴욕 당하기'에서 밝힌 대로 설교 여정 가운데 가장 아픈 기억이 있는 바로 그 교회였다. 그날 집으로 돌아가던 길에 옆에 있던 아내가 내 손을 잡으며 이렇게 말했다. "나는 당신이 이렇게 설교를 잘하는지 몰랐어요. 너무너무 자랑스러워요." 내 평생 최고의 찬사로 가슴에 남은 한마디이다.

나중에 하나님 앞에 섰을 때 하나님께서 수고했다고 말씀해 주신다면, 그때 비로소 두 번째로 밀려날 것이다. 아내가 이 한마디를 기억하는지 모르겠다. 그날 이후 아직 아내에게 칭찬을 받지 못했지만 그래도 상관없다. 지금도 이 한마디를 떠올리면 가슴이 뭉클하다.

같은 교회에서 찬양팀으로 함께 섬기던 집사님이 있다. 카이로프랙틱(Chiropractic) 의사인 집사님은 차분하고 온화한 성품의 소유자에다 지성미가 넘치던 분이었다. 수요예배 설교를 마친 다음주, 디톡스(detoxification) 치료를 받느라 집사님 병원에 들렀다. 이런저런 이야기를 나누던 집사님이 말씀하셨다. "제 평생 잊을 수 없는 설교가 두 편 있어요. 침례대학교 시절 은사 교수님 설교 한 편, 그리고 다른 한 편은 지난 수요일 지 목사님 설교예요. 설교학 공부를 더 하시면 좋겠어요." 지금 집사님은 그 설교를 잊으셨을 것이다.

미국 텍사스 달라스에 소재한 교회에서 청년부 사역을 할 때였다. 교회를 개척한 담임 목사님은 종종 이런 말을 하셨다. "우리 교회는 부목사가 담임 목사보다 설교를 더 잘하는 교회입니다." 나는 이 말이 어느 정도의 진정성을 가진지 모른다. 이 말씀 역시 액면 그대로 받아들이기로 했다.

부산에 소재한 교회에서 사역할 때다. 담임 목사님은 종종 이렇게 말씀하셨다. '우리 교회 부목사님들은 참 설교를 잘해요. 제가 다른 교회 목사들에게 자랑을 해요.' 여기서 중요한 단어는 '들'이란 조사다. 늘 깊은 설교를 하셨던 선임 목사님, 항상 구수한 설교를 하셨던 후배 목사님 '들' 사이에 내 이름 '지혁철 목사'도 슬그머니 끼워 넣는다.

어느 주일 오후 예배를 마친 후였다. 평소 존경하는 모 권사님이 나를 기다리고 계셨다. "지 목사님 설교를 들으면 성경을 다시 읽어야겠다는 생각을 합니다. 고맙습니다." 라는 인사를 남기셨다. 어느 날 한 집사님은 이렇게 말씀하셨다. "도대체 이 본문, 이 제목으로 지 목사님이 어떤 설교를 할지 감을 잡을 수가 없어요. 보통은 감을 잡을 수 있는데 말입니다." 그분들은 잊어버리셨겠지만 나는 결코 잊을 수 없다.

두 번째 유학을 위해 오 년 칠 개월의 사역을 마친 날이었다. 모 집사님께서 이렇게 말씀해 주셨다. "그동안 하나님이 무섭고 두려웠습니다. 저에게 하나님은 두려운 하나님 그 자체였습니다. 그동안 목사님 설교를 들으면서 하나님이 얼마나 자상하고 따뜻한 아버지인지 깨닫게 되었습니다. 고맙습니다." 집사님 제가 고맙습니다. 평생 잊지 못할 말씀입니다.

또한 지금은 장로님인 집사님과 아내 집사님이 식사 자리에 초대해 주셨다. 식사 자리에서 아내 집사님이 이렇게 말씀해 주셨다. "보통 수요일 저녁은 근무 때문에 예배에 참석할 수 없습니다. 하지만 목사님께서 설교하는 수요일엔 근무 시간을 조정해서 예배에 참석했더랬습니다. 이유는 아시죠?" 교회를 떠나는 설교자에게 이보다 더 큰 기쁨과 영광은 없다. 주 안에서 사랑하는 장로님, 권사님, 집사님이 지금도 고맙다.

풀러에서 설교학 공부를 할 때였다. 열 명 남짓 동기 목사님들과 설교학 수업을 들었다. 서로 설교문을 나누고 냉철하게 피드백을 주고받았다. 수업이 있는 주간에는 매일 아침 돌아가면서 아침 경건회를 인도하기도 했다.

내가 아침 경건회를 인도한 날 점심 시간, 모두 함께 모여 식사를 할 때였다. 지금도 연락하며 지내는 뉴저지에서 개척하신 동기 목사님이 이렇게 말씀하셨다. "지 목사님 설교는 사람을 사로잡는 힘이 있어요. 집중하기 쉽지 않은 아침, 수다 떨고 있는 우리를 모두 조용하게 만들었어요." 여러 동기 목사님과 함께 공부하면서 교제한 시간은 지금도 행복한 추억으로 남았다. 영광이다.

나의 설교 여정에서 만났던 귀한 분들로부터 들었던 칭찬과 격려의 말씀, 문장들이다. 나는 안다. 말 그대로 격려하기 위함이었음을. 그러나 귀한 분들이 나눠주신 마음은 나의 설교 여정에 넘치는 자양분이 되었다. 지금 이만큼 성장한 것은 그분들의 아낌없는 격려와 기도 덕분이다.

칭찬은 고래도 춤추게 만든다. 마찬가지로 설교자에게 나눠주는 진심어린 칭찬과 격려는 나와 같은 어리바리한 설교자도 춤추게 만든다. 설교에 열정을 쏟게 만든다. 가끔은 동역자에게, 설교자에게 진심을 담은 격려와 칭찬을 해보자. 누가 아는가, 그들이 진정한 설교자로 거듭나게 될지.

ADDITION

설교자와 글쓰기

설교는 어렵다. 설교 준비 과정부터 전달에 이르기까지 쉬운 과정이 없다. 혹자는 설교를 창작의 고통에 비유하기도 한다. 한 명의 설교자요 연구자로서 나 역시 설교가 막혀 더 이상 전진하지 못하는 경험을 자주 한다.

앤디 스탠리 역시 자신의 한계를 토로하면서 설교가 막혀 더 이상 앞으로 나아가지 못할 때가 자주 있다고 고백한다.[175] 설교가 막혔을 때 앤디 스탠리는 가장 먼저 기도한다. 설교자로서 설교가 막혔을 때 드리는 앤디 스탠리의 기도는 조금 특별하다. 그는 설교를 가로막은 장벽이 사라지길 기도하지 않는다. 오히려 설교 사역 자체가 하나님의 일이라는 것과 설교를 통해 생긴 모든 유익이 하나님의 것임을 고백한다.[176]

◆
175) Andy Stanley, 최고의 설교자를 만드는 설교 코칭, 238.

설교가 하나님의 사역임을 고백한다. 자신은 하나님 사역의 통로임을 고백한다. 여기서 멈추는 것이 아니라 설교자로서 앤디의 기도는 설교의 대상인 청중을 향해 나아간다. 그는 설교 전체를 놓고 다시 한 번 청중을 생각한다. 그의 설교는 청중을 염두에 두고 설교 전체에 메스를 대거나, 철저한 퇴고 과정을 거친다.

그의 청중을 위한 퇴고의 목록은 다음과 같다. "첫째, 청중은 무엇을 알아야 하는가? 둘째, 왜 청중이 그것을 알아야 하는가? 셋째, 청중은 무엇을 해야 하는가? 넷째, 왜 청중은 그것을 해야 하는가? 다섯째, 청중이 보다 잘 기억할 수 있게 하려면 나는 어떻게 해야 하는가?"[177]

퇴고 설교학에서 채경락 목사는 퇴고는 설교에서 빠질 수 없는 작업이라고 말한다. 일필휘지(一筆揮之)로 설교 원고를 작성하는 사람이라면 예외일 수 있다. 하지만 평범한 설교자라면 누구나 뼈를 깎는 퇴고 과정을 거칠 수밖에 없다고 말한다.

한 편의 시를 쓰기 위해 3년의 퇴고 과정을 거친 윤동주 시인, 네 줄짜리 한시를 써놓고 마지막 글자로 퇴(推)를 쓸지 고(敲)를 쓸지 고민한 당나라 시인처럼 하나님 말씀을 전하는 설교자는 설교 원고를 고치고, 고치고, 또 고쳐야 한다고 말한다.[178]

채경락의 주장에 따르면 퇴고가 설교 원고 작성의 정석일 뿐 아니라 지름길인 셈이다. 앤디 스탠리는 퇴고 과정에 상당한 노력을 기울

---

176) Ibid., 239.
177) Ibid., 241-249.
178) 채경락, 퇴고 설교학(서울: 성서유니온, 2013), 9-10.

이는 설교자라 평할 수 있다. 설교 준비 과정 중에 설교가 막히거나, 개념이 너무 많거나, 전개 속도가 느릴 경우 잠깐 멈추어 서서 퇴고 과정을 거친다. 심지어 설교의 핵심을 잡았다 하더라도 설교가 가슴에 와 닿지 않는다고 판단하면 청중을 염두에 둔 철저한 퇴고 과정을 거친다.[179]

또한 청중의 가슴에 남길 한마디를 만들어 내기 위해 길고 긴 퇴고의 과정으로 다시 돌아간다. 설교자로서 앤디 스탠리는 하나님 말씀을 힘있고 바르게 전할 뿐 아니라 하나님 말씀으로 현대 청중의 삶을 변화시키기 위해 각고의 노력을 쏟아붓는다. 강단에서 선포되는 말씀이 청중에게 이벤트로 다가가게 하기 위해 최선을 노력을 다한다.

글쓰기는 지난한 작업이다. 설교는 글로 시작하지만 말로 전달한다. 논문이나 기타 글쓰기와는 다른 차원에서의 글쓰기가 필요한 이유이다. 강원국은 자신은 말하듯이 쓴다고 말했다. 강원국이 말하는 "말하듯이 쓴다"는 말에는 세 가지 의미가 있다. 평소 말하는 만큼 자주 쓴다, 말 같은 구어체로 자연스럽게 쓴다, 먼저 말해보고 쓴다.[180] 『대통령의 글쓰기』의 저자인 그는 잘 쓰려면 잘 말해야 하고, 말을 잘하려면 잘 써야 한다고 주장한다.

이 주장을 설교에도 대입하고 적용할 수 있다. 아니, 반드시 그렇게 해야 한다. 설교는 글이 아니라 말로 전달하기 때문이다. 물론 설교에는 말 외에도 표정, 언어의 온도, 눈빛, 제스처, 진정성 등 여러 가

◆

179) Andy Stanley, 최고의 설교자를 만드는 설교 코칭, 237-238.
180) 강원국, 나는 말하듯이 쓴다: 강원국의 말 잘하고 글 잘 쓰는 법(경기고양: 위즈덤하우스, 2020), 6.

지 전달 요소가 있다. 그럼에도 말을 빼고 나면 설교는 비약적으로 제한될 수밖에 없다. 설교 원고를 쓸 때부터 말하듯 써야 한다. 설교에서 글쓰기가 중요해지는 이유이다.

설교자는 전문 작가가 아니다. 소설이나 시를 쓰는 사람은 더더욱 아니다. 시와 소설을 쓰는 작가는 기본적인 소양을 타고 나야 한다. 아무나 소설가가 될 수 없고, 아무나 시인이 될 수는 없다. 설교를 소설이나 시처럼 쓰지 않아도 된다는 것은 상당한 자유를 허용한다.

그러나 설교자는 글쓰는 사람이라고 해도 지나치지 않다. 원고 없이 설교하시는 설교자도 간혹 있다. 그들의 천재성을 의심하고 싶은 마음은 없다. 나와 같은 설교자라면 엉덩이에 땀이 나도록 앉아서 쓰고, 쓰고 또 쓸 것이라 생각한다. 글쓰기는 공부하고 노력하면 발전한다. 연습한다고 시인이 되거나, 소설가가 될 수는 없겠지만 분명 노력하면 발전하고 성장한다.

근래 글쓰기 관련 책이 상당히 많이 나왔고 또 나오고 있다. 설교자는 글쓰기에 관심을 갖고 정기적으로 글쓰기 책을 읽으며 자신의 글쓰기를 점검해 보아야 한다. 어휘를 확장시키는 일도 필수다. 생각을 글로 표현하는 일이 얼마나 어려운지 글을 써 본 사람은 안다. 자칫 잘못하면 지나치게 장황해진다. 간략하게 쓰려고 하면 제대로 표현할 수가 없다. 풍부한 어휘를 확보하고 단어의 조합 능력을 키워 갈 때 글쓰기 능력은 비약적으로 발전할 수 있다.

반복해서 말하지만 좋은 설교는 좋은 글에서 시작한다. 간혹 글은 아쉽지만 설교는 뛰어난 분이 있고, 설교는 부족하지만 글은 훌륭한 분도 있다. 그럼에도 여전히 설교에서 글쓰기는 중요하다. 하나님 말씀, 생명을 살리는 말씀, 영혼을 구원하는 말씀, 삶을 변화시키는 말씀을 더욱 잘 전하고 나누고 가르치고 선포하기 위해 글쓰기에 쏟는 노력은 얼마든지 쏟아부을 수 있지 않을까? 글쓰기 능력을 향상시켜 하나님 말씀을 더 잘 전할 수 있다면 얼마든지 글쓰는 법을 배워야 할 것이다.

좋은 설교자가 되고 싶습니다

설교자는 태어난다는 말이 있습니다. 말 그대로 타고난 설교자가 있습니다. 타고난 설교자는 대부분 영성과 지성과 인품, 거기에 탁월한 전달력과 소통 능력까지 두루 갖추고 있습니다. 놀랍다는 말 외에 다른 수식어가 필요 없는 설교자가 있습니다. 그렇습니다. 그들을 보면 설교자는 태어난다는 말이 정확하게 들어맞는 것처럼 보입니다.

반면 설교자는 만들어진다는 말도 있습니다. 모든 설교자가 설교자로 태어나는 것은 아닙니다. 타고난 설교자가 아니라는 아쉬움이 있지만 그럼에도 여전히 설교자로 살아가는 것은 영광스러운 일입니다. 타고난 설교자가 아니기 때문에 땀과 눈물은 필수입니다. 설교자다운 설교자가 되기 위해 부단히 노력하고 수고해야 합니다.

타고난 설교자가 다섯 달란트 받은 종이라면 만들어진 설교자는 한 달란트 받은 종일지도 모릅니다. 한 달란트 받은 종이지만 수고하고 땀 흘리면 그것만으로도 충분히 주인의 칭찬을 받게 될 것입니다. 주인이 원하시는 지점이 바로 거기라고 믿기 때문입니다.

한 달란트 받은 설교자로서 하나님의 말씀을 전하고 나누고 가르치고 선포하는 이 영광스러운 직분을 잘 감당하려면 많은 수고가 필수입니다. 요즘은 좋은 설교학 책이 많이 출간되고 있습니다. 정기적으로 설교학 책을 읽는 수고를 아끼지 말아야 합니다. 혼자 읽기가 어려울 수도 있고, 아까울 수도 있습니다. 그럴 경우라면 설교자 독서모임을 만들어 보는 것도 좋은 방법입니다. 독서를 통한 서로의 통찰을 나눌 때 더 좋은 설교자로 만들어져 갈 것입니다.

탁월한 설교자, 타고난 설교자를 만나고 그분들에게서 직접 배울 수 있다면 당연히 그 기회를 붙들어야 합니다. 우연한 계기로 탁월한 설교자를 만났을 때 꼭 묻고 싶은 질문을 한두 가지는 품에 품고 다니면 좋겠습니다. 설교에 관한 그분들의 철학을 묻고, 준비 과정을 묻고, 청중을 향한 마음가짐에 대해 질문해야 합니다. 탁월한 질문이 탁월한 대답을 이끌어 내기 때문입니다.

설교 코칭도 흘릴 수 있는 땀의 한 영역이라 할 수 있습니다. 코로나 시대로 접어들면서 온라인 강연이 활발해졌습니다. 설교 코칭에 관한 온라인 강연도 생겨나고 있는 추세입니다. 시대가 요구하기 때문이겠지요. 온라인 강연이 활발해지면서 오프라인 강연에 대한 갈망도 생겨나고 있습니다. 모이지 못하기 때문에 더 모이고 싶은 반작용인지도 모르겠습니다.

더 충성스러운 설교자가 되기 위해서 그룹으로, 일대일이라도 설교 코칭을 받을 수 있는 기회를 만들어 보기를 추천합니다. 설교 원고를 공개하는 것이 쉬운 일은 아닙니다. 아니 어려운 일입니다. 어려운 일이기 때문에 더 가치가 있다는 것은 두말할 필요가 없습니다. 하나님의 말씀을 더 힘있고 바르게 전하고 나누고 가르치고 선포하기 위해 좁고 험한 길을 걷는 설교자가 된다면 그야말로 자기 십자가를 지고 예수의 뒤를 따르는 설교자라고 불러도 손색이 없을 것입니다.

타고난 설교자이거나 만들어지는 과정에 있는 설교자이거나 하나님 말씀의 종이라는 면에서는 모두 동일한 영광과 특권과 책임과 의무를 가지고 있습니다. 다섯 달란트를 맡았거나 한 달란트를 맡았거나 주인으로부터 달란트를 받은 종입니다.

그 달란트를 들고 곧 바로 장사하여 또 다른 달란트를 남긴 착하고 충성된 종처럼 맡겨 주신 달란트를 가지고 신실하고 부지런히 일해 더 많은 열매를 거두어 하나님으로부터 착하고 충성된 종이라 칭찬받는 설교자가 되면 좋겠습니다. 하나님의 칭찬을 바라보며 함께 설교자의 길을 묵묵히 걸어가길 기대하고 기도합니다.